ISOLADOS

Um amor de quarentena

MONIKA JORDÃO

ISOLADOS

Um amor de quarentena

VOLUME 1

Crivo

Isolados – Um amor de quarentena, volume 1 © Monika Jordão 11/2021
Edição © Crivo Editorial, 11/2021

Edição e Revisão: Amanda Bruno de Mello
Capa: Fábio Brust – Memento Design & Criatividade
Projeto gráfico e diagramação: Lila Bittencourt
Agente Literário / Curador: Fernando Suhet
Coordenação Editorial: Lucas Maroca de Castro

Dados Internacionais de Catalogação na Publicação (CIP) de acordo com ISBD

J82i	Jordão, Monika
	Isolados - Um amor de quarentena / Monika Jordão. - Belo Horizonte, MG : Crivo Editorial, 2021. 280 p. ; 13,6cm x 20,4cm. - (v.1)
	Inclui índice ISBN: 978-65-89032-30-4
	1. Literatura brasileira. 2. Romance. I. Título.
2021-3962	CDD 869.89923 CDU 821.134.3(81)-31

Elaborado por Odilio Hilario Moreira Junior - CRB-8/9949

Índice para catálogo sistemático:
1. Literatura brasileira : Romance 869.89923
2. Literatura brasileira : Romance 821.134.3 (81)-31

Crivo Editorial
Rua Fernandes Tourinho, 602, sala 502
30.112-000 - Funcionários - Belo Horizonte - MG

🌐 www.crivoeditorial.com.br
✉ contato@crivoeditorial.com.br
f facebook.com/crivoeditorial
📷 instagram.com/crivoeditorial
🌐 crivo-editorial.lojaintegrada.com.br

Este livro é dedicado a
todas as vítimas da covid-19

SUMÁRIO

Prefácio..................9

CAPÍTULO 1..................11
CAPÍTULO 2..................22
CAPÍTULO 3..................34
CAPÍTULO 4..................61
CAPÍTULO 5..................82
CAPÍTULO 6..................118
CAPÍTULO 7..................135
CAPÍTULO 8..................149
CAPÍTULO 9..................167
CAPÍTULO 10..................207
CAPÍTULO 11..................223
CAPÍTULO 12..................240
CAPÍTULO 13..................257
CAPÍTULO 14..................269

Agradecimentos..................278

PREFÁCIO

Não bastando o caos que é a própria vida, da noite para o dia, o mundo se viu enclausurado dentro de casa. Com o estouro da pandemia, nada mais se pôde fazer, salvo isolar-se em sua própria companhia.

Com a cabeça cheia de incertezas e inseguranças em relação ao futuro, as paredes costumeiras do velho apartamento tornam-se gélidas, inseguras e assustadoras. A solidão impera no alto do décimo segundo andar e todo o vazio silencioso faz eco dentro de Juliana.

Lidando com o desenrolar da sua vida e reaprendendo a ser sozinha, Juba se vê no limbo quando se isola em casa. Aprendendo a curtir a si mesma, desenha uma nova rotina para esses dias solitários.

Assistindo à quietude da cidade da sua varanda, entre goles de gin e garrafas quebradas, esbarra por acaso num monte de tinta e de cor. O isolamento, ainda caótico, fica cheio de arte e de música – mas cheio de medo, de traumas e de dúvidas.

Isolados vem trazer o olhar para dentro de nós mesmos. Sentindo na pele as dúvidas da protagonista, é impossível sair ileso do desenrolar dessa história, que se parece tanto com a nossa: ela faz a gente suspirar pelos cantos e arranca boa dose de riso – mas também cutuca nosso íntimo e reacende nossas dúvidas.

Num equilíbrio perfeito entre o romance e a reflexão, Monika Jordão nos apresenta personagens memoráveis, tramas perfeitas e questionamentos sobre o nosso "eu", sobre nossos sonhos e sobre o quanto estamos, de fato, vivendo a nossa vida, ao invés da vida que esperam que a gente viva...

Mafê Probst
Escritora | SP

Esse livro possui trilha sonora.
Acesse a playlist oficial com o QR Code abaixo

CAPÍTULO 1

*Não permita que o medo
domine seus dias.
Mesmo os mais escuros.*

Monika Jordão

O que é isso? Que barulho é esse? Quem pode estar martelando uma parede em pleno domingo? Não existe uma regra para obras aos domingos? Levanto da cama querendo xingar o vizinho. Seja ele quem for. Onde foi parar meu chinelo? Que horas são? Cacete, meu celular não estava carregando. Nossa, o dia está começando bem, hein?

Vou até a cozinha, descalça mesmo. Preciso de um café para ver se as coisas melhoram. Não é possível que o café acabou... Alguém reinicia esse dia que só tem quatro minutos e já está um inferno? Coloco uma calça de moletom, uma camiseta velha, faço um coque no cabelo e CADÊ O MEU CHINELO? Achei no banheiro, ufa! Dentes escovados e rosto limpo. O que mais preciso comprar além do café? Hidratante, sabão em pó, pão, leite condensado, arroz e pipoca. Não posso esquecer a pipoca. Ah, preciso de gin. Preciso de mais gin.

Cartão, chave e celular. Não, não vou levar o celular, vou deixar carregando aqui. Cacete de martelo que não para. Ah, não posso esquecer a máscara. Quem é o infeliz que resolveu reformar o apartamento logo hoje? Que coisa mais chata! Chamo o elevador e posso ouvir que as marteladas vêm do apartamento ao lado. Nem sei quem mora no 121, mas já não gosto dele. Desço e vejo no reflexo do espelho do elevador que minha aparência está péssima. Tento ajeitar o cabelo, mas não tem muito jeito. Dormi mal, acordei mal. Quando chego no portão, aproveito para reclamar com Seu João.

– Bom dia, Seu João. O morador do 121 está reformando o apartamento, mas hoje é domingo. O senhor pode falar com ele, por favor? Ele está martelando tudo e me acordou.

– É o morador novo. É um rapaz legal. Vou ligar lá e falar com ele, minha filha. – Acho engraçado Seu João me chamar de "minha filha". Essa é uma expressão curiosa. Nunca entendi. Inclusive, preciso ligar pros meus pais.

– Obrigada, Seu João.

– Vai ao mercado, é?

– Como o senhor sabe?

– A sacola, minha filha.

– Ah, verdade. A sacola. Até já, Seu João.

– Não esquece o álcool.

Ah, Seu João me conhece bem. Sabe que vou voltar cheia de garrafas de gin. Devo ser a bêbada do condomínio.

Dois quarteirões de caminhada e o mercado parece cheio demais. Quando chego mais perto, vejo que há uma fila para entrar. Ou a promoção é muito boa ou o povo está enlouquecendo com o tal do coronavírus. Me posiciono no último lugar da fila e pergunto ao rapaz – bem bonito, por sinal – na minha frente:

– É promoção ou coronavírus? – Dou uma risadinha para parecer mais simpática, já que estou mal-vestida e descabelada.

– Coronavírus. Está todo mundo atrás do papel higiênico – Ele fala e dá um risinho escondido atrás da máscara.

– Do papel higiênico? E ele cura alguma coisa? Não é melhor encher a despensa de comida? – Dou uma risada alta. Acho que exagerei.

– Pois é, não sei, mas vou garantir um pacote também. – Ele ri de novo, meio sem graça.

— Acho que tenho papel higiênico suficiente em casa. Vou garantir comida congelada e álcool. — Ele não riu dessa vez.

— Álcool em gel? — Ele fala sério.

— Não. Bebida alcoólica. — Falo e dou risada de novo. Que retardada.

— Álcool em gel é mais importante. E o papel higiênico. — Sério de novo.

— É. O álcool em gel é muito importante mesmo. — Eu sou muito idiota, esse era o álcool ao qual Seu João se referia.

— É sim. — Ele fala e vira de costas de novo.

É oficial. Eu não sei mais flertar. Credo. Depois de cinco anos casada, virei uma trintona separada e encalhada. Um mês sozinha e uma tentativa frustrada de flerte na fila do mercado. Posso colocar isso na lista "Vergonhas Passadas". Será que ainda se fala flertar ou existe um novo termo? Crush? Vou pesquisar no Google depois. Esses anos com o Vicente me deixaram enferrujada. Será que ele também tem enfrentado dificuldades? Claro que não. É homem, né?

Demorei 25 minutos para conseguir entrar no mercado. Que loucura. As pessoas estão com os carrinhos cheios. Parece que vão ficar seis meses sem sair de casa. Será que esse negócio é tão sério assim? Tudo bem que o escritório mandou todos ficarem de home office, mas logo passa, né? Bom, de acordo com o pessoal aqui do bairro, não. Melhor encher a geladeira também. Peguei alguns congelados, três garrafas de gin, leite condensado, muito café e pipoca.

Alguns produtos de higiene e limpeza. Acho que sobrevivo com isso, só não consigo carregar por dois quarteirões. Vou ter que chamar um Uber. Cadê meu celular? Ah, ficou carregando em casa. Merda! Vou ter que ir a pé cheia de sacolas.

Esses dois quarteirões nunca foram tão longos. Estou suando

feito uma porca e ainda falta um tanto pra chegar na porta do prédio. Vou pedir ajuda para o Seu João. Meus braços estão quase gangrenando, minhas pernas doem e tem suor acumulado no meu bigode. Passo pelo portão ofegante e Seu João ri.

— Comprou mais do que podia carregar, minha filha? — Nossa, ele é bem observador.

— Pois é, Seu João. Acho que exagerei. — Eu mal consigo falar.

— Quer ajuda? — Uma voz grossa fala nas minhas costas e me assusta. Algumas sacolas caem no chão e Seu João gargalha.

— Ahhhhhhh! Nossa! Agora meu coração precisa de ajuda para voltar a bater. Meu Deus! Quase infartei. Que susto! — Falo enquanto me viro para ver quem é o maluco que chegou tão silencioso e levo um susto ainda maior.

Ele é lindo e sorri abertamente. Que sorriso é esse? Minha nossa! Que homem! Ele está todo sujo de tinta colorida, inclusive nos cabelos. Lindo. É uma obra de arte ambulante. Se abaixa para pegar as sacolas que caíram e eu tento descontrair porque devo estar com cara de idiota.

— Reze para as garrafas de gin não estarem espatifadas nessas sacolas. Eu preciso muito delas. — Ele continua rindo enquanto pega as sacolas do chão.

— Não ouvi vidro quebrar, então acho que não preciso gastar reza com isso. — Ele ergue as sacolas como se não fosse nada.

— Então você teve muita sorte, a fila no mercado está insana e você não ia gostar de enfrentá-la só para comprar mais gin pra mim. — Sorrio sem graça. Ele é lindo.

— Talvez eu gostasse. — Ele ergue uma sobrancelha só. Como ele consegue fazer isso?

— De fila?

— Não. De comprar mais gin pra você. — Ele dá um meio sorriso e me encara. Que olhos grandes ele tem.

– Ah. É. Não vai precisar. Elas estão a salvo. – Ah, como eu sou ridícula. Nem sei o que responder.

– Vamos? Vou te ajudar a levar essas sacolas até seu apartamento. – Ele sorri, gentil. Eu não consigo tirar os olhos dele e nem responder nada. Estou olhando fixamente sem dizer uma única palavra. Socorro!

– Comprou álcool em gel, minha filha? – Seu João fala e me salva da saia justa.

– Não. Está em falta. – Começo a caminhar na direção do elevador e o homem sujo de tinta me segue. Será que é pintor? Só pode, né? O que mais seria?

– Então lave bem as mãos, está bem? E você, não toque em nada. Esse tal de coronga é perigoso. – Seu João parece mesmo preocupado com o vírus.

Entramos no elevador em silêncio e, quando me olho no espelho, levo outro susto. Estou acabada. Já estava feia quando saí, mas depois de andar com esse tanto de sacola e suar litros estou ainda pior. Fico sem graça, abaixo a cabeça e começo a procurar a chave nos bolsos da calça de moletom. Por que eu decidi sair de moletom, meu Deus?

– Qual o andar? – Ele pergunta e me tira do devaneio.

– Ah, é o 12º, obrigada! – Um sorrisinho e a chave cai do bolso. Eu tento me abaixar pra pegar, mas, com as sacolas, me atrapalho. Ele, então, se abaixa também e pega pra mim. Nos levantamos juntos como num filme de comédia romântica clichê. Me recomponho e o encaro por um segundo. Ele tem olhos muito grandes e escuros. É hipnotizante. Credo, devo estar muito carente mesmo. Que demora de elevador. Por que fui morar tão alto?

– Essa compra toda é medo do coronavírus? – Ele sorriu, acho que está debochando.

– Eu nem tô com esse medo todo, mas o povo tava comprando tanto que me empolguei. – Ergo os ombros e ele balança a cabeça, concordando.

– Eu fiz uma compra dessas ontem. A quarentena vai ser séria e longa. É bom estar abastecida mesmo. – Todo mundo fica sério quando fala disso. Acho que estou meio por fora. Preciso pesquisar a respeito.

– É muito séria mesmo. – Finjo que sei do que tô falando e chegamos no meu andar. Ainda bem. Ando até minha porta e abro correndo. Entro e coloco as sacolas que estão comigo na mesa de jantar. Passo o olho rapidamente pelo apartamento e está uma bagunça. Não queria que ele achasse que um furacão passou por aqui.

– Tudo bem?

– Não repara a bagunça. – Me viro e ele não entrou. Está parado na porta com o resto das sacolas nas mãos.

– Se você visse meu apartamento, diria que um furacão passou por lá. – Nossa, pensamos a mesma coisa, mas não posso dizer isso pra ele.

– Pode entrar.

– Adoraria, mas não posso. Quarentena, trabalho e prazo de entrega. Só desci por causa de uma reclamação, mas nem devia. Você também não devia sair mais, viu? Essa doença está matando muita gente no mundo e vai ficar feio aqui no Brasil. Principalmente aqui em São Paulo. – Que exagero. Não pode nem entrar para colocar as sacolas na mesa pra mim? Nossa...

Vou até ele e pego o restante das minhas compras. Pelo jeito, vou ter que viver com isso pelas próximas semanas. Coloco tudo na mesa e volto para esperar ele pegar o elevador e fechar a porta, mas me surpreendo de novo quando abre a porta do 121.

– Ah, então foi você que me acordou hoje. – Coloco as mãos na cintura.

– Desculpe, como assim? Eu te acordei? – Ele parece confuso. Que cara de pau. Ficou martelando a parede incansavelmente.

– Sua reforma. O martelo na parede. Me acordou. Te xinguei muito por isso. – Falo descontraída.

– Não era na parede. Foi você que reclamou com Seu João? – Ele parece perplexo. Como se eu tivesse cometido um crime.

– Sim, fui eu. Parecia que você estava martelando dentro do meu ouvido. – Tento ser engraçada, mas não consigo.

– Mas eram duas horas da tarde. Você ainda estava dormindo? – Ele está me julgando? Eu acordo a hora que eu quiser.

– Estava, sim. Não sei se você reparou, mas hoje é domingo. As pessoas costumam dormir até mais tarde. – Ele ri.

– Desculpe por isso. Não vai se repetir. – Ele abre a porta do 121 e entra.

– Obrigada pela ajuda com as compras, vizinho. – Dou um sorrisinho para declarar paz.

– Sempre que precisar. Estou à disposição, vi-zi-nha. – Ele fala "vizinha" bem devagar enquanto fecha a porta.

Estou há duas horas lendo matérias e assistindo vídeos sobre o coronavírus e posso afirmar que estou em pânico. A cada vez que leio "álcool em gel", já lembro do Seu João e das minhas garrafas de gin. "Lave as mãos", "Não saia de casa", "Não toque o rosto", "Máscara", "Idosos", "Itália", "China", "UTI", "Respirador". É o apocalipse! É muito mais sério do que eu imaginava. Aqui no Brasil está só começando, mas na Itália já tem corpos empilhados. Que horror! O isolamento é importante mesmo. Agora entendi o home office, as ruas vazias e povo enlouquecido no mercado. Se bem que eles deveriam pensar que, se esvaziarem as prateleiras, vai ter gente sem ter o que comer. É hora de racionar, não? Eu garanti congelados e gin, mas deixei pra quem precisa disso tanto quanto eu. Inclusive, vou tomar uma dose. Tô precisando. Depois ligo pros meus pais. Eles são do grupo de risco. Nossa, que loucura tudo isso.

Já tomei três doses e assisti um vídeo do Átila Iamarino. Se tudo que esse biólogo disse realmente acontecer, acabou. É o fim do mundo. Ficarmos isolados é o único jeito de conter esse vírus. Que triste fim. Vou ter mesmo que ficar trancada nesse apartamento e não vai ser nada fácil. Foram cinco anos casada com o Vicente e agora tenho que ficar presa com essa montanha de lembranças. Os livros que ele nunca leu e deixou aqui, a camisa amarela, a caneca do Star Wars, a bandeira do Palmeiras, a chuteira que ainda está na varanda... Só largou tranqueira para trás, mas não tem como não lembrar, né? Cinco anos tendo companhia e agora vou ficar sozinha aqui. Vai ser difícil, mas fui eu que escolhi assim. Será que fiz mal? Será que ele está bem? Ah, preciso de mais uma dose. Ainda bem que tenho gin. E nem queria ele aqui mesmo.

Tô bêbada e apavorada. Não quero ficar presa aqui, mas também não quero ficar doente. Tô com medo desse vírus e com o mesmo medo da solidão. Não tô acostumada com isso. Saí da casa dos meus pais para casar. Só tem um mês que Vicente foi embora e ainda não sei como viver sozinha. É um silêncio tão assustador. É tão vazio. É tão triste. Preciso pensar em outra coisa, me distrair. Instagram. Lá todo mundo é feliz. MEU DEUS! Pugliese está com coronavírus. Preta Gil está com coronavírus. Chega de internet. Chega de tanta informação. Vou ler um dos livros que o "falecido" largou aqui.

Não encontro nada. Estou com a cabeça cheia. Não sei quem disse isso, mas a ignorância é mesmo uma bênção. Eu só estou assustada. E bêbada. Preciso de um ar. Vou até a varanda e me sento na poltrona de vime que eu mesma escolhi e nunca usei. Olha...

eu decorei direitinho esse lugar. Tem uma samambaia, que eu batizei de Vilma, a poltrona, uma mesinha charmosa e as luzinhas de Natal que o infeliz nunca tirou. Mas até que estão bonitinhas. Amanhã eu vou acender. Dar um pouco de vida pra esse lugar, já que não vou poder sair mais daq...

— Oi, vizinha! — Aquela mesma voz grossa me tira dos pensamentos e me assusta. A taça balança e metade do gin cai no meu short. Que sujeira. Que susto! A varanda dele é colada com a minha. Como eu não tinha pensado nisso?

— Nossa, que susto, vizinho! Você ainda vai acabar com o meu coração, viu? — Olho pra ele e ainda me espanto com tanta beleza.

— Acabar não é a ideia que eu tenho para ele. — Ele diz isso sem tirar os olhos de mim. E sem tirar esse sorriso do rosto. Eu preciso de uma boa resposta. E rápido.

— Seja qual for o seu plano, eu preciso que ele continue batendo. — Ah, mandei bem.

— Quero ele batendo rápido. Bem rápido. — Mal sabe ele que meu coração já está disparado.

— Meu cardiologista agradece. — Nós dois rimos.

— Seu fígado que não deve estar muito feliz, né? — Ele está me julgando de novo?

— Você não bebe, vizinho? — Ele levanta de novo uma sobrancelha só. Preciso descobrir como ele faz isso.

— Bebo sim, minha geladeira está cheia de cerveja, mas acho que você queimou a largada. — Ele devia parar de julgar as pessoas.

— Cada um bebe no seu tempo, né? E hoje ainda é domingo, você que está atrasado. — Há! Ele não vai me julgar e sair por cima.

— Tem razão. Espera aqui que eu vou pegar uma cerveja pra mim. — Ele fala e entra no apartamento.

Eu estou toda molhada de gin e preciso ter certeza de que estou com a aparência mais apresentável. Vou correndo pro banheiro e vejo que meu cabelo está arrumadinho, a camiseta é bonita e não molhou. Coloco um short jeans seco, mas tô sem nenhuma maquiagem e se eu rebocar a cara agora vai ficar evidente que me arrumei pra ele. Passo só um *lip tint*.

Quando chego na varanda, ele está escorado no parapeito e sorri.

– Achei que você tinha fugido de mim.

– Não costumo fugir fácil assim. – Ele gosta desse joguinho, né?

– Foi pegar mais gin?

– Não, fui pegar um pano para limpar essa sujeira, que, aliás, foi você que fez. – Eu também sei brincar.

– E cadê o pano? – Meu Deus, esqueci o pano.

– Ah, é. O pano. Então, eu me distraí. Vou pegar o pano.

Ou eu sou muito idiota ou estou bêbada demais. Ou as duas coisas. Como eu fui dar um fora desses? Corro na cozinha e pego o pano. Entro na varanda e ele nem se mexeu. Continua parado no mesmo lugar. Dou uma risadinha péssima e limpo o chão molhado. Quando termino, jogo o pano no canto da varanda, me sento plena e olho pra ele.

– Desistiu do gin? – Onde está a taça? Ah, deixei na cozinha. Eu sou muito idiota.

– Ah, me distraí e deixei a taça na cozinha. Está tudo bagunçado por aqui, vizinho. – O que foi que eu disse?

– Se quiser, eu posso arrumar. – Ai, caramba, ele tem resposta pra tudo. E ainda sorriu de lado. Será que foi o que eu entendi ou tô vendo coisa onde não existe?

– Não precisa, eu mesma arrumo minha bagunça.

– Que pena. Eu sou bom com bagunça. – Ele não perde uma.

– Percebi hoje cedo. Bagunçou meu sono com sua obra. – Ele ri. Ri alto.

– Obra é minha especialidade. – Ele ainda ri.

— Está reformando? Acaba quando, hein? Só pra saber se vai continuar bagunçando meu sono. — Dou um sorrisinho simpático.

— Não estou reformando, sou artista plástico. Vai ter barulho de vez em quando, mas prometo acordar você com carinho. — Ele sorri e eu também.

— Agradeço a consideração. — Tudo isso tem duplo sentido ou o gin afetou as minhas faculdades mentais?

— Disponha, vizinha. Agora vou me recolher. Amanhã é o último dia para terminar esse trabalho. — Ele sorri de novo.

— Boa noite, vizinho. — Eu sorrio de volta.

— Boa noite, vizinha. Dorme bem. Prometo não te acordar. Amanhã. — Ele demorou um segundo para dizer o "amanhã". Eu tô ficando maluca, mas tô vendo mensagens subliminares em tudo que esse homem diz.

— Obrigada. — Não sei o que dizer.

— Antes de ir, essa minha vizinha tem nome? — Chegou a hora das apresentações.

— Juliana, mas todos me chamam de Juba. E você, tem nome? — Por que fui dizer meu apelido de infância, meu Deus?

— Augusto, mas todos me chamam de Guto. Prazer. — Ele chega perto da ponta e estende o braço. Eu me levanto, vou até lá e estendo também. Nossas varandas são próximas o suficiente para chegarmos um no outro. Damos as mãos, ele me encara e é difícil sustentar o olhar.

CAPÍTULO 2

*A descoberta do outro
é a redescoberta de si*

Monika Jordão

O despertador toca e minha cabeça dói. Tento abrir os olhos, mas as pálpebras parecem pesar duas toneladas. Rolo pro lado e, involuntariamente, estico o braço buscando quem dorme ao lado. Ninguém. Ainda é estranho estar sozinha. Ainda me causa incômodo dormir nessa cama que foi comprada para duas pessoas e hoje abriga só uma. Eu sei que vou me acostumar, mas esse dia ainda não chegou. Queria poder levantar, dividir o café e reclamar da ressaca. Queria conversar, brigar, fazer as pazes. Queria um abraço, mas não tem nada disso; mas também não tinha antes.

Levanto da cama, da qual eu nem gosto, tomo um copão de água e faço um café coado. Dois comprimidos de Novalgina e bora começar o dia. Tenho muito trabalho pra hoje. Ligo pros meus pais e eles estão bem. Minha mãe quer ir à missa, mas meu pai, hipocondríaco, trancou tudo e dá banho de álcool em gel nela três vezes ao dia. Eles estão mais seguros que qualquer outro ser humano.

Sento na mesa de jantar, que agora é meu escritório, e ligo o notebook. Dezesseis e-mails e são só nove horas da manhã. Leio o primeiro, problema. O segundo, pendência. O terceiro, relatório. O quarto, convite para reunião por Skype. Vou resolvendo o que precisa, mas não tô produtiva. Não tá funcionando isso aqui. Não tô confortável. Acho que vou mudar de lugar. Isso, Juliana! Um ar novo e uma nova estação de trabalho vão me fazer bem, mas onde? Passo os olhos pelo apartamento e vejo a linda mesa de centro de madeira na frente da televisão. Tenho um tapete bem bonito e trabalhar ali me parece mais aconchegante. Abro o Spotify, coloco Anavitória pra tocar e faço minha a mudança. Ficou bonitinho. Sento pra trabalhar e a ilusão da nova estação logo cai por terra. Está melhor, mas nada divertido. Eu fiz Contabilidade e sou auditora financeira. Quando eu achei que meu trabalho seria divertido? Nunca.

Já é meio-dia. Vou parar e preparar alguma coisa pra comer. Abro o freezer e tem lasanha congelada. Ótimo. Abro o forno e largo a assadeira lá dentro. Tenho 30 minutos até ela ficar pronta. Vou até a varanda na esperança de ver gente. Na verdade, de ver o vizinho, mas ele não está. Aumento um pouco o volume da música e deixo a porta aberta. Não custa tentar, né?

É estranho como a rua está vazia. Vou fazer um story. Pego o celular, aponto pro deserto de concreto e faço um boomerang bonitinho. Assim que posto, escuto a porta da varanda dele abrir, mas finjo que não notei.

– Bom dia, Juba. Acordou agora? – O "Juba" sai no meio de uma risada contida. Eu não devia ter falado o apelido. Maldito gin.

– Bom dia, Guto. Acordei faz tempo. Já até curei a ressaca.

– E nem fui eu que te acordei dessa vez, hein? – Ele dá um sorrisinho maroto.

– Não. Foi o despertador mesmo. E você, acordou agora? – Ele segura uma caneca e, pelo aroma, está cheia de café.

– Acordei já tem um tempo. Vim só dar uma respirada. – Ele pensa que não sei que ouviu minha música e veio conferir.

– Vai conseguir terminar a obra hoje?

– Já estou finalizando.

– E eu posso ver? – Minha curiosidade fala mais alto que eu. Será que fui invasiva?

– Não gosto de expor obras inacabadas, mas te mostro mais tarde. Pode ser?
– Supersticioso?
– Não. Só prefiro causar impacto com todo o meu potencial.
– Eu continuo vendo mensagens subliminares. Gosto disso nele.
– Então eu também prefiro. Quero todo o seu potencial. – Ah, eu tô gostando dessa brincadeira.
– Que cheiro é esse, vizinha? Se você está cozinhando alguma coisa, sinto lhe dizer, mas queimou. – Ele ri.
– Meu Deus, a lasanha! – Saio correndo e já vejo uma leve fumaça preta sair do meu forno. Não acredito que estraguei meu almoço. Desligo o forno e largo a massa preta lá dentro. Depois eu limpo isso.
– Queimou mesmo? – Ele pergunta já sabendo a resposta.
– Tudinho. Você me distraiu. – Jogo a culpa nele.
– Eu acho que você já é distraída por natureza. – Ri de novo.
– Talvez eu seja. – Nem dá pra negar.
– E agora? O que vai fazer? – Ele está se divertindo com meu problema.
– *iFood.* – Falo com a mesma voz cantada da propaganda e rimos juntos.
– Boa pedida. Até mais tarde, então. Vou terminar a obra pra te mostrar.
– Bom trabalho. – Dou um sorrisinho de despedida e o vejo fechar a varanda.

Que homem é esse, meu Deus? Ficar de quarentena com esse cara aqui do lado vai ser uma tentação, uma tortura, um divertimento, uma distração... Que barulho é esse no computador? Ai, a reunião por Skype. Já tinha esquecido.

Reunião terminada, auditoria feita, e-mails respondidos. Que horas será que encontro Guto na varanda, hein? Não marcamos um horário. Vou me arrumar, mas não muito. Só o suficiente para causar boa impressão. Uma saia soltinha, uma blusinha branca, uma maquiagem leve e um perfuminho. Vai que ele consegue sentir do lado de lá.

    Já são 20h e nada de ele aparecer. Será que vou lá dar um grito? Não. Fica feio. Vou pegar um gin e sentar na poltroninha. Uma hora ele aparece.

    Já estou na segunda taça e nada dele. Acho que esqueceu. Como eu sou ridícula. Como fui achar que ele estaria interessado em mim? Que queria que eu visse seu trabalho? Eu não sou ninguém. Ah, vou ver a *live* do Victor Kley e ficar bêbada de novo. Que se dane...

    Ouço a varanda dele abrir e contenho o sorriso. Era isso que eu queria. Ele entra silencioso e quando nos olhamos um sorriso bonito nasce nos lábios dele.

    – Oi. – Simples e direto, mas tão delicado.

    – Oi também. – Não contenho o sorriso.

    – Pronta pra ver minha obra? – Ele parece orgulhoso.

    – Nasci pronta pra isso. – Duas taças de gin falando por mim.

    – Vou pegar lá dentro.

    Confesso que estou nervosa. Nem sei o que eu vou ver, mas ele querer me mostrar me deixa feliz. Ele volta com uma caixa. Parece um quadro, mas de madeira e em relevo. Nem sei explicar. Tem umas fotos borradas, tinta e pregos coloridos. Foram eles que me acordaram ontem. Ele me olha apreensivo. Espera que eu diga algo, mas não sei analisar obra de arte.

    – Que lindo. Adorei. – Acho que isso tá bom.

    – O que você vê aqui? – Aí complicou pra mim.

    – Vejo cores vivas, pregos e fotografias. Daqui não consigo ver bem o que tem nas imagens, mas as cores e os pregos se destacam.

    – Juntando tudo. Olhando o todo, o que você sente? – Meu Deus, sei lá o que eu tenho que sentir.

– Sinto que tem vida. Profundidade. – Falar que tem profundidade é bom, né?
– E dor? Você vê dor?
– Não sei. O que você quer passar com tudo isso? Talvez eu não tenha repertório para analisar uma obra de arte assim, Guto. Sou de exatas. – Levanto os ombros, me desculpando.
– Aqui represento o passado com as fotos borradas, o presente com os pregos e o futuro com as cores vivas. – Foi bem didático.
– Entendi. O passado borrado, os pregos que doem e um futuro bonito e cheio de cor. Isso tudo representa você? – Vamos entender quem é esse cara.
– De certa forma, sim. Triste, né? – Ele abaixa os olhos.
– Não acho. Acho que tem esperança. – Envio um olhar encorajador.
– É. Tem que ter alguma esperança. Que bom que você viu e gostou.
– Gostei, sim. Você é muito talentoso. Mas não precisa de pregos em todas as obras, né? – Rimos.
– Não. Vou te fazer dormir em paz. – Fazer? Ele disse isso mesmo?
– Obrigada por isso. – Nunca sei o que responder nessas horas.
Ele entra, guarda a caixa e volta com uma cerveja.
– Vou te acompanhar na cerveja. Já jantou? – Está mais leve agora.
– Ainda não, mas depois descongelo outra lasanha. – Ele ri de novo.
– Eu cozinhei pro jantar e exagerei na quantidade. Está servida? Podemos jantar juntos. – Ele está me chamando pra jantar no apartamento dele? Ai, tô nervosa.
– Além de tudo ainda cozinha? Acho que vou aceitar. Mais seguro do que colocar outra lasanha no forno. – Devia ter me arrumado mais. Ele está me chamando pra jantar. Ai...

– Vou lá dentro servir os pratos e já trago aqui. – Como eu sou patética. Ele não me chamou pra ir lá. Vai me dar um prato de comida pela varanda.

Quando ele volta, o cheiro é maravilhoso. Ele estende o prato e eu pego com cuidado para não deixar cair. Não posso dar outro vexame.

– Obrigada! – Já agradeci e nem comi ainda.

– Bife acebolado, gosta?

– Adoro, mas vou provar antes de elogiar o seu. – Corto um pedaço e levo à boca. É maravilhoso. Infinitamente melhor que os congelados que tenho no freezer.

– E aí. Aprovado? – Ele come também.

– Aprovadíssimo. Está divino. – E está mesmo.

– Que bom que gostou dele também.

– Você é cheio de talentos, né? – Por que eu tô falando essas coisas? Não estamos num date.

– Você ainda não viu nada. – Ah, não posso me iludir mais.

– Mas já vi o suficiente. – Gin. Preciso de mais gin.

– E tem muito mais. – Ele não para nunca?

– Vou lá dentro lavar seu prato e pegar mais gin. Aceita uma taça? – Não quero que a noite termine agora.

– Aceito, mas não precisa lavar o prato.

– Coronavírus, vizinho. Melhor lavar.

– Tá certo. Espero vocês aqui.

– Vocês? – Não entendi.

– Você e o gin.

– Ah, sim. Voltamos já já. – Entro e confiro a imagem no espelho. Não está ruim. Volto com as duas taças cheias, entrego uma pra ele e me afasto pra me apoiar no parapeito da varanda.

– Hey, vai aonde? Precisamos brindar. Volta aqui. – Brindar? Volto.

– Saúde. – É. É disso que precisamos agora.

– Saúde. – Ele tem os olhos tão expressivos.

– Aceita fazer um jogo? – Jogo?
– Aceito. Que jogo é esse? – Eu aceitei?
– Chama "Sem pensar". Eu te faço uma pergunta e você precisa responder a primeira coisa que vier na sua cabeça. Depois você pergunta pra mim. Assim a gente pode se conhecer melhor. – Ele quer me conhecer melhor. Tô gostando, mas já estou na terceira taça. Já não tenho muito filtro.
– Aceito. Quem começa? – Vamos ver onde isso vai dar.
– Eu começo. Solteira?
Nossa, ele começou logo na mosca. Dou um longo gole no gin pra dar um susto no cérebro. Ele me encara e levanta, mais uma vez, só uma sobrancelha erguida.
– O jogo é pra responder a primeira coisa que vem na cabeça. – Ele quer mesmo jogar.
– Eu só dei um gole para pensar.
– E precisa pensar pra responder se está solteira.
– Eu sou solteira. Não. Eu sou separada. Pensando bem, oficialmente, eu ainda sou casada, mas me separei tem um mês. Sou separada. Que confusão, mas é isso... – Nossa. Me enrolei toda na primeira pergunta. Tô fodida.
– Entendi. Separada tem um mês. – Ele faz uma cara estranha.
– Não era o que você queria ouvir? – Preciso de mais gin!
– Essa é sua pergunta? – Preciso parar com o gin!
– Não. Minha pergunta é... Solteiro? – Vou seguir a linha dele.
– Solteiro! Uma comida? – Que rápido.
– Esse bife acebolado que você acabou de preparar. Um filme?
– *Medianeras*. – Ele nem respira pra responder.
– Nunca nem ouvi falar.
– É um filme argentino maravilhoso. Recomendo.
– Vou procurar. Minha vez, né? Uma sorte? – Por que eu perguntei isso?

— Mudar para esse prédio duas semanas antes do início do isolamento. Um artista? — Será que essa resposta foi pra mim?
— Ah, são tantos. Essa é difícil. Cantor, ator, escritor... — Gin!
— A primeira coisa que vem na sua cabeça. Esse é o jogo. — Que metódico.
— Caetano Veloso. — Ah, que burra! Devia ter dito "Augusto vizinho". Ele é artista.
— Caetano é um mestre. Gostei da escolha. Sua vez.
— Um artista? — Roubar perguntas vale.
— Pensando num artista completo... Charles Chaplin. — Ele é muito intelectual. Eu só sei que é o cara do cinema mudo, mas nunca nem vi um filme.
— Por que completo? — Eu devia fingir que entendi, né?
— Porque ele escrevia, atuava, dirigia, produzia e ainda compunhas a trilha sonora dos próprios filmes. Como eu disse, completo.
— Nossa. Eu nem sabia disso.
— Sua vez, Guto. — Dou outro gole no gin.
— Um livro?
— Essa é fácil. *Harry Potter*. — Será que ele vai me julgar por isso?
— Também gosto de *Harry Potter*. — Ufa!
— Um livro também?
— *Dom Quixote*. — Ah, não dá. Eu não conheço nada do que ele fala.
— Por quê?
— Essa é a sua segunda pergunta. — Que chato.
— É, sim. Podemos conversar sobre as respostas, agora? Eu fico curiosa.
— Podemos, só não quero parar de jogar, tá? Eu gosto de Dom Quixote porque ele ousava sonhar. Criava fantasias, amava Dulcineia com devoção, tinha Sancho Pança como fiel escudeiro e nunca desistiu de suas batalhas. Lutou contra moinhos de vento. — Ah, já sei quem é.

– Aquele que via dragões. Ele não era maluco?
– Era um sonhador... Um sonhador. – Como ele fala bonito.
– Pronto. Pode fazer duas perguntas agora. – Tô lascada.
– Um arrependimento e uma saudade? – Nossa. Pegou pesado. Dois goles de gin.
– Um arrependimento... Acho que a escolha do curso da faculdade. Uma saudade... da juventude. – Fui sincera, pelo menos.
– Ainda não sei qual seu trabalho. Podemos conversar sobre as respostas, não é mesmo? – Ele não esquece nada.
– Eu fiz Contabilidade e sou auditora financeira. Meu trabalho é analisar planilhas, notas fiscais e balancetes. Chato e entediante. Não tem a emoção de criar obras de arte. – Agora ele vai me achar uma chata.
– E por que a saudade da juventude? Você ainda é jovem. – Ah, tá querendo me agradar.
– Tenho 36 anos. Não sou tão jovem assim. Não para algumas coisas.
– Que coisas, por exemplo?
– Ah, para mudar de profissão. Já tenho estabilidade.
– Mas se você tem esse desejo, dá tempo. Se fosse trocar sua profissão, em que área gostaria de atuar?
– Ah, acho que eu queria a área da saúde, sempre foi o meu sonho. Eu poderia estar ajudando as pessoas agora com esse coronavírus, mas não. Tô trancada num apartamento analisando números.
– E por que não vai fazer Medicina?
– Como eu disse, já tenho 36. – Quantos anos será que ele tem?
– Medicina é um curso longo mesmo, mas, se é isso que você sonha, eu acho que vale a pena. Seria uma linda médica. Eu me consultaria com você. – Ele me chamou de linda?
– Obrigada, mas acho que vou continuar com as planilhas mesmo. Mais fácil. – Não complica minha vida, vizinho.

– Acha fácil carregar esse arrependimento? – Nossa...
– Já me acostumei com ele. Você não tem arrependimentos?
– Gin!
– Tenho vários. É até difícil escolher um. – Nossa. Ele até mudou de feição.
– O primeiro que vem na sua cabeça.
– Confiei em gente demais nessa vida. É uma coleção de decepções. – Ixi, agora ficou sério.
– Mas você não deveria se arrepender por ter confiado. As pessoas é que devem se arrepender por terem decepcionado.
– Mas as expectativas foram criadas por mim. É delas que me arrependo.
– Mas a vida é feita de expectativas. Dia desses li um texto do poeta Davi Aquino que fala justamente sobre isso.
– Amo poesia.
– Quebraram o seu coração, foi? – O gin não devia ter perguntado isso.
– Muitas vezes. – Tadinho. Queria até dar um abraço nele.
– Sei como é, Guto.
– Seu ex-marido quebrou o seu? – Eita!
– Nossa relação esfriou, sabe? Nos afastamos e, quando eu vi, estava vivendo com um estranho. Não consigo viver assim... Não tinha mais emoção, sabe? Muito frio e triste. Joguei a toalha e acabou. Tem um mês que ele foi embora. – Credo. Tô contando minha vida toda pra ele.
– E você está bem?
– Ainda tô me acostumando a viver sozinha. Morei com meus pais a vida toda e passei cinco anos com o Vicente. Ainda não sei bem como é ficar aqui sozinha. Se bem que... eu já vivia sozinha quando ele estava aqui. Não sei explicar. Já era assim, mas agora é mais estranho. Estou me adaptando. Logo eu entendo essa

dinâmica nova. Não me arrependo do fim. Seremos muito mais felizes longe um do outro. – Cala a boca, gin!

– Entendo. Bonito o que você fez. Por ele e por você mesma.

– É. Não dava mais pra viver aquela mentira. Eu sou intensa demais, sabe? Bom... Você também, né? Pelo que falou das expectativas.

– Sou. Sou intenso, por isso me feri tantas vezes. Isso até me lembrou uma música do Flakes que chama "Intenso". Você precisa ouvir. É a trilha sonora da minha vida.

– Tem no Spotify? – Diz que tem... Diz que tem...

– Tem! Procura lá. – Vou ouvir agora mesmo.

– Deixa eu pegar meu celular.

– Juba, cuidado!!! – Me levanto e tropeço na garrafa de gin que estava no chão. Tento me equilibrar, mas tudo gira e não alcanço a grade da varanda. Caio de bunda no chão, quebro a garrafa e a taça. Meu Deus, que vergonha. Ele está debruçado na varanda, olhando fixamente pra mim. Parece preocupado.

– Acho que exagerei no gin. – Tento disfarçar o constrangimento.

– Juba, sua perna está sangrando! – Sangrando? Olho e realmente tem um corte. Ah, não podia ficar pior. Preciso sair daqui.

– Ah, não é nada. Um Band-Aid resolve isso. Acho que essa é a minha deixa pra entrar, né? Fim de jogo. – Nossa, está tudo girando mesmo.

– Fim de jogo. Quer que eu vá aí te ajudar? – Que fofo, mas se ele vier eu vomito no pé dele. Não seria um bom primeiro encontro.

– Não precisa. Eu me viro bem. – Que vergonha.

– Vai ver esse machucado. – Ele parece mesmo preocupado. Me levanto e apoio na porta de correr, preciso me escorar para não cair de novo.

– Quem ganhou o jogo, Guto? – Não posso dormir sem essa.

– Você ganhou... de lavada. – Ele sorri.

– Por que eu ganhei? – Não entendi.
– Porque me ganhou. – Ele disse o que eu entendi que ele disse?
– Hã...
– Boa noite, Juba. Dorme bem!
– Boa noite, Guto. – Melhor acabar por aqui.

CAPÍTULO 3

*É louco pensar
que é possível estar tão perto
e tão longe ao mesmo tempo.*

Monika Jordão

Mais uma manhã de ressaca. É a segunda seguida, mas dessa vez bem pior. Noite passada eu vomitei até as tripas e, além de tudo, me machuquei e nem sei como. Um corte reto no meio da canela. Como eu consegui essa proeza? Deve ter sido durante a sessão exorcista. Só pode. Tá doendo um pouco, mas nada que se compare com a dor de cabeça e a de estômago. Nunca mais eu bebo. Mentira! Vou beber sim, mas não hoje. Talvez essa semana eu segure a onda.

Trabalhei a manhã toda arrastada e não fui nada produtiva. Preciso ficar mais esperta. Nesse momento de quarentena, as demissões virão e eu não quero estar nessa lista. Preciso de mais foco. Pedi agora o almoço no iFood porque preciso comer alguma coisa que não sejam congelados industrializados. Nossa, até salivei lembrando do bife do Guto. Preciso pedir a receita pra ele. Guto... De onde saiu esse vizinho? Nunca tinha visto ele aqui. Não vi nem a mudança chegar, mas eu estava no meio da separação. Não estava vendo nada mesmo. Preciso contar essa história pra Laura. Ela vai morrer de rir. Deixa eu mandar uma mensagem pra ela.

Juliana
| Oi, Laurex. Tenho fofocas |

Ela não resiste a fofoca. Só essa palavra já vai fazer a doida responder rapidinho. Ah, interfone. Deve ser o restaurante.

— Alô.

— Oi, minha filha, seu almoço chegou — Seu João e essa mania de me chamar de "minha filha".

— Tô descendo, Seu João. Obrigada!

Quando chego na portaria vejo o motoqueiro usando máscara e luva. Confesso que isso me assusta um pouco. Eu também estou de máscara, mas ver as pessoas assim me parece tão surreal. Eles têm que se proteger, é perigoso, mas tenho a impressão de estar dentro de uma série apocalíptica. Que aflição. Pego a sacola e o motoqueiro vai embora rápido. Esse pessoal deve estar trabalhando muito.

— Depois daquelas compras todas você não está cozinhando? — Seu João é enxerido, né?

— Ah, Seu João, queimei a lasanha ontem e hoje estou trabalhando muito. O jeito é pedir comida.

— Entendo, minha filha. Temos que valorizar o serviço nesse momento. Eu também estou trabalhando muito. Cobrindo o Jenival, que não vem mais. — Ele balança a cabeça, confiante.

— Por que ele não vem mais? Ficou doente?

— Não. Ele está bem, graças a Deus, mas está com medo de continuar na portaria. Aqui circula muita gente. Eu continuo porque minha família depende de mim, né? — Não tinha pensado nisso.

— Verdade, Seu João. O senhor está tomando cuidado? — Ele não está de máscara nem nada.

— Estou, sim. Aqui na guarita os moradores e entregadores não entram. Estou seguro.

— Se cuide, Seu João. — Vou andando em direção ao elevador.

— Juliana, não esqueça de passar álcool em gel. Essa sacola veio da rua. — Olha, ele sabe meu nome!

– Pode deixar, Seu João. Obrigada! – Senhorzinho simpático, Seu João. Gosto dele.

Termino de comer e deixo tudo na pia. Lavo mais tarde. Será que a doida respondeu? Nossa... Tem várias mensagens da Laura.

Laura
| Conte-me tudo e não me esconda nada |
| Onde você tá? |
| Você não pode falar de fofoca e sumir |
| Cadê você?????????????|

Juliana
| Está preparada? |

Laura
| O que foi que o babaca do Vicente fez agora? |
| Pediu pra voltar de novo? |

Juliana
| Conheci um cara |

Laura
| O mundo está em isolamento. Como você conheceu alguém? |
| Já sei. Tinder |

Juliana
| Não. Pessoalmente |

Laura
| Como isso é possível? Quero detalhes |
| Sórdidos |

Juliana
| hahahahahaahahahahah |
| Não tem detalhes sórdidos. Eu só conheci |

Laura
| Conheceu onde? |

Juliana
| É meu vizinho de varanda |
| Temos conversado e ele dá umas indiretas |

Laura
| Trabalhamos com fotos. Me mande agora |

Juliana
| Não tenho foto dele |

Laura
| A do WhatsApp serve |

Juliana
| Não trocamos WhatsApp ainda |

Laura
| Como não? Estamos em 2020, sabia? |

Juliana
| E estamos no meio de uma pandemia de gripe, sabia? Ele é só meu vizinho |
| Conversamos da varanda |

Laura
| Então não tem o Instagram dele também |

Juliana
| Claro que não |

Laura
| O nome, pelo menos, você sabe? |

Juliana
| Sei, Guto |
| Augusto |

Laura
| Só o primeiro nome? |
| Você é muito incompetente |

Juliana
| Não ia perguntar a ficha completa do cara, né? |

Laura
| O que sabe de relevante? Informações que ajudem na minha investigação |

Juliana
| Que investigação????? |

Laura
| Vou descobrir o Instagram dele |
| Profissão |

Juliana
| hahahahaahah Vc é DOIDA |
| Artista plástico |

Laura
| Sou doida, mas sou competente |
| Me dá alguns minutos |
| Ps: Gostei. Artistas são quentes |

Laura é muito louca. Se eu a conheço bem, ela é capaz de encontrar o Guto no Instagram de verdade. Nem sei se quero saber mais. Vou voltar ao trabalho, que esse cara me tira do eixo mesmo sem aparecer.
— Juuuuuuba!
Nossa. Alguém me chamou? Não. Tô ficando louca mesmo.
— Juuuuuuuuba!
Tem alguém me chamando, sim. Me levanto e vou andando em direção à varanda. Será que é ele? Não é possível.
— Juuuuuuuba!
Agora ficou claro. É ele. Aí, Meu Deus.
— Oi. Tá com o pulmão bom, hein? Com covid você não está, com certeza. — Já saio fazendo piadinha. Ridícula. Que vidro todo é esse no chão?
— Nem brinca. Eu tenho bronquite. Sou do grupo de risco. Mas gritei para saber como você tá. — Será que ele me ouviu vomitar?
— Eu tô bem. Tive uma ressaca de leve, mas nada demais. — Se ele soubesse...
— E sua perna? Fiquei preocupado com o corte depois do tombo. Corte de vidro é perigoso. — MEU DEUS! Eu caí, me cortei e ele viu? Ah, Juliana, você não pode ver uma vergonha que já quer passar, né?

– Ah, não foi nada demais. Superficial. – Será que o tombo foi feio? Pela quantidade de vidro no chão, foi. Também tem sangue. O que foi que eu fiz?

– Eu achei que você ia precisar de pontos. – Nossa. O que aconteceu aqui que eu não lembro?

– Não precisei de pontos, não. Foi coisa pouca. – Fingindo plenitude.

– Fiquei preocupado. Se você não aparecesse aqui, eu ia tocar sua campainha. – Se eu não estivesse morrendo de vergonha, ia querer que ele tocasse.

– Pode ficar tranquilo. E você, tudo bem? – Vamos trocar o assunto, né?

– Tudo bem. Comecei obra nova. Todo começo me dá um gás diferente. – Ele sorri.

– E é sobre o que? – Ele parece apaixonado pelo que faz.

– Quando estiver pronta, prometo que te mostro.

– Gosta de me deixar curiosa, né? – Eu fico mesmo.

– Gosto de te deixar instigada. É diferente. – Ele quer me enlouquecer.

– Conseguiu.

– Esse era o objetivo. Já almoçou? – Porra, desconversou do nada.

– Já, e você? – Ele me confunde.

– Comi um lanche e mais tarde vou fazer um risoto. – Será que é um convite velado?

– Que delícia.

– Se quiser, eu posso exagerar de novo na receita. – Se quer me convidar, convida. Nem sei o que devo dizer. Fica me confundindo.

– Se você exagerar na receita... – Saí pela tangente. Deixa no ar.

– Acho que por volta das 20 horas terei exagerado na receita e devo vir comer aqui na varanda. – Ah, agora sim. Entendido.

– Acho que por volta das 20 horas eu devo estar com fome na varanda. – Esse jogo é gostoso. Quando eu entendo.
– Agora acho melhor você recolher esses cacos para não se machucar de novo. – Ah, ele não pode esquecer esse episódio?
– Vou fazer isso agora mesmo. – Ele entra e eu vou buscar uma vassoura.

Depois de deixar a varanda um brinco, ouço o celular apitar.

Laura
| É esse, né? |
| FOTO |

Juliana
| Ele mesmo. Como você encontrou? |

Laura
| Galerias e artistas plásticos. Augusto não é um nome comum |

Juliana
| Você deveria trabalhar no FBI |

Laura
| Eu sei, pelo que investiguei ele é solteiro. |

Juliana
| Acabei de encontrar com ele na varanda. Falou que vai fazer risoto pro jantar |
| Perguntou se podia exagerar na receita |

Laura
| Você disse que sim, né? |

Juliana
| Deixei subentendido |

Laura
| E você lá sabe deixar alguma coisa subentendida? |

Juliana
| É o meu jeitinho |

Laura
| hahahahahaahahahahah |
| Posso imaginar |

Juliana
| À noite volto com novidades |

Laura
| De nada |

Laura é a melhor amiga que eu já tive. Doidinha de pedra, mas me conhece como ninguém. Cacete! Olha essa foto. Nossa, ele toca violão, que lindo. Olha isso, será que esse cachorro é dele? Nunca ouvi latir. Não deve ser. Ah, passou o ano novo no Rio de Janeiro. Eu tava na pior fase da crise do casamento. Pior ano novo da minha vida. Nossa! Será que eu devo seguir? Não, não vou seguir. Se ele perceber que tô stalkeando, vai me achar maluca.

Banho tomado, maquiagem de leve, perfuminho e varanda.

Já são 21h, será que o risoto atrasou tanto assim? Eu poderia pegar um gin, mas hoje não tenho condições de beber.

22h30. Não é possível que ele esqueceu. Será que eu entendi errado? Ele disse que ia jantar na varanda às 20h. Ele disse.

Tenho certeza.

23h. Continuar aqui é patético. Vou pra dentro assar uma lasanha congelada. Nossa, não tô acreditando que levei um bolo assim. Será que eu entendi mal? Será que ele não entendeu quando eu disse que estaria com fome? Eu sou ridícula. Só na minha cabeça um cara como ele ia se interessar por uma mulher como eu. Em que mundo eu vivo? Expectativas. Bem que ele avisou, né? Quem as criou fui eu. Gin. Uma tacinha de gin pra afogar a decepção.

Que barulho é esse no hall? É a voz dele? Corro para a porta e vejo pelo olho mágico uma mulher, magistralmente linda, sair do apartamento 121 e entrar no elevador.

É oficial. Eu sou ridícula.

Juliana
| Ele me deu o bolo |

Laura
| Como assim? |

Juliana
| Ué! Ele não apareceu na varanda |
| Eu sou ridícula |

Laura
| Você não é nada ridícula |
| Ele deve ter dormido |

Juliana
| Não. Vi uma mulher linda sair do apartamento dele agora |

Laura
| Viu como? |

Juliana
| Olho mágico |

Laura
| Tá estagiando no FBI também? |

Juliana
| Laurex... É sério. Ele me deu o bolo e estava com outra |
| Como eu fui acreditar que ele podia se interessar por mim? |

Laura
| Calma, pode não ser nada. Não pira |
| Você é maravilhosa. |

Juliana
| Você não viu. Ela era maravilhosa |

Laura
| Você é maravilhosa também, pode ser a irmã dele |
| Pode ser uma cliente. Chefe. Amiga |

Juliana
| Pode ser namorada, ex-namorada, rolo, ficante |

Laura
| Olha você, pensando o pior |

Juliana

| Se fosse irmã, amiga, cliente, ele podia me avisar |
| Ele, simplesmente, não apareceu |

Laura

| É... Ele podia ter avisado |
| Droga! Tinha gostado tanto dele |

Juliana

| E eu, então? Tô aqui me sentindo uma bosta |

Laura

| É só não ir mais na varanda. Você nem usava ela antes |

Juliana

| Mas agora eu gosto dela |

Laura

| Dela ou dele? |

Juliana

| Dos dois. |

Laura

| É... Tá bom. Pode sofrer |

Largo o celular em cima da cama, tomo um generoso gole de gin e vou tomar outro banho. Só pra poder sofrer limpinha. Saio do banho e me encaro no espelho. Não gosto do que vejo. Quem eu me tornei? Uma separada amargurada, sem perspectivas, infeliz no trabalho, sozinha... e ainda levei um bolo do vizinho. Me olho e vejo que não sou mais tão jovem, não tenho o mesmo corpo de antes, a pele não é mais a mesma e os cabelos brancos começam a apontar, assim como algumas rugas na região dos olhos. É. Um cara como o Guto, artista, tendo uma mulher como aquela, jamais olharia pra mim. Eu entendi tudo errado. Ele foi gentil. Viu que queimei a lasanha e estava querendo ajudar. Eu interpretei tudo da maneira que eu queria. Ele não tem culpa. Ah, tem culpa sim. Podia ter avisado.

Três taças e já estou quase chorando. O que é ainda mais ridículo. Eu o conheço há dois dias, nunca ficamos e eu tô sofrendo? Isso nem faz sentido. Ele podia ter avisado, mas também não foi nada demais. Era só um prato de comida para a vizinha desastrada. Não foi um date furado. Eu tô exagerando. Acho que é o isolamento.

Acordei, onze da manhã, mas milagrosamente não sinto ressaca alguma. Acho que meu organismo está se habituando com a quantidade fora do normal de álcool! Viva o gin! Vou até a cozinha e preparo um café. Viva o café! Pego uma caneca e penso em tomá-lo na varanda, mas é arriscado. Guto pode aparecer e não quero que ele pense que estou lá esperando por ele. Até porque eu o esperei até as 23h enquanto ele estava com a bonitona. Ah, não quero pensar nisso. Hoje é feriado e não preciso nem abrir o computador. Vou assistir La Casa de Papel. Saiu temporada nova e eu não assisti porque passei noites conversando com um idiota na varanda. Hoje eu vou me mimar. Eu mereço. Pego mais café e faço um balde de pipoca. Viva a pipoca! O mundo que se dane. Episódio 1 – *play!*

Quatro episódios assistidos, algumas lágrimas e eu preciso almoçar. Pipoca é bom, mas não enche barriga e já é quase fim de tarde. Cozinhar? Não! Lasanha congelada? Não. iFood? Com certeza! Quero alguma coisa bem gorda e gostosa. Hambúrguer e batata frita. Viva o bacon! Pedido realizado, vou tomar um banho. Pego minha caixinha de som, coloco Tiago Iorc pra tocar e entro feliz no chuveiro. Dias assim, dedicados a coisas gostosas e que nos dão prazer, deveriam acontecer mais vezes. Vou colocar isso no meu *planner*. Dia de Mimos da Juba. Boa ideia, não vou cumprir mesmo. Fiquei tensa à toa. Guto não é nada. Saio do banho, o sol se põe e lembro que hoje tem superlua. Queria poder ver da varanda. Ah, por que não consigo parar de pensar nisso? Cabelo seco, pele hidratada, um pijama confortável e o interfone toca. Ah, MEU DEUS! Esqueci que pedi comida. Saio correndo e atendo Seu João.

– Minha filha, dormiu, foi? Tô interfonando aí faz tempo.

– Ah, fui pro banho e esqueci. Já vou descer. – Pior que tô de pijama. Como eu sou burra.

Abro a porta com muito cuidado para não fazer barulho. Não quero o vizinho do 121 aparecendo bem agora. Entro no elevador e respiro. Eu estava segurando a respiração? Nossa, como ele me deixa nervosa assim? Chego no térreo e Seu João está na porta da guarita com minha sacola.

– Ah, Seu João. Me desculpa. Eu me distraí. – Ele só ri.

– A comida chegou quentinha, mas esfriou um cadinho.

Subo de volta para o 12º andar e, quando o elevador abre, dou de cara com um artista plástico todo sujo de tinta. De novo. Um *déjà vu* me leva para o dia em que nos conhecemos e meu coração dispara. O elevador fecha e começa a descer. Ai, Meu Deus! Aperto o 12 incansavelmente, mas paro no térreo. Respiro fundo e subo mais preparada.

– Eita! O que aconteceu? – Ele ri assim que a porta abre de novo.

– Esse elevador fecha muito rápido. – Finjo estar irritada.

– Se continuar parada aí, vai passear de novo até o térreo. – Ele ri tão bonito.

– É que preciso que me dê um pouco de espaço. Não quero me sujar de tinta.

– iFood de novo? – Ele está me julgando.

– Tem algum problema com serviços de entrega? – Mereceu essa.

– Problema nenhum. É só inveja mesmo. Também gosto. E muito. Tô pensando até em pedir mais tarde também. Não quero cozinhar hoje.

– Faça isso. E peça um bolo também. – Eu NÃO deveria ter dito isso.

– Acho que não entendi. – Ele está fingindo?

– É que ontem eu ia jantar risoto, sabe? Mas acabei jantando um bolo. Um vizinho disse que ia exagerar na receita, mas fiquei foi com fome mesmo. – Falo e dou uma risadinha. Não quero que pareça cobrança.

– Nossa, que babaca esse seu vizinho. – Ele parece decepcionado.

– Meu estômago acha ele bem babaca mesmo. – Mais uma risadinha minha.

– É que ele ficou trabalhando e perdeu a noção da hora. – Vai mentir na minha cara? Não tô acreditando. Que vontade de dizer que vi a mulher sair daqui, mas não posso. É muito psicopata espionar pelo olho mágico.

– Entendo, mas avisar teria me poupado um tempo. – Sejamos diretos.

– Desculpe. É que a modelo foi para posar para a obra nova dele e, em tempos de coronavírus, tiveram cuidados excessivos. Para ela não precisar voltar, o vizinho fez algumas fotos para usar depois. Tudo demorou mais do que imaginava. Será que ele será perdoado? – Eu nem falei nada e ele foi logo entregando a mulher assim? De bandeja? Não esperava por essa.

– O perdão sempre vem. – Não posso dizer que tomei um porre e sofri.

– E ele demora? – Ele dá outro sorrisinho.

– Está com pressa, é? – Não posso amolecer fácil assim.

– É que hoje tem a superlua e acho que seu vizinho queria muito ver... você... da varanda. – Esse cara me deixa louca. Ele quer me ver ou ver a lua? Essas pausas dramáticas me confundem.

– Mas será que ele vai mesmo aparecer? – Eu tô entrando no jogo dele. Socorro.

– Eu garanto que vai. Ele, você a lua. Coisas assim são raras. 20h? – Ele sorri. Não tenho saída. Eu sou rara?

– 20h e sem bolo dessa vez. – Vou caminhando para a minha porta.

– Sem bolo. Prometo. – Ele vai pra porta dele.

– Até. – Saio vazada, mas escuto ele dizer:

– Ah, adorei o pijama. – Eu tô de pijama, né? Pior que tô mesmo. Entro correndo sem olhar para trás. Quão burra eu sou por ter marcado com ele no dia seguinte ao bolo? Ele disse que sou rara mesmo? Ou entendi tudo errado de novo? Ele tá interessado? Não. Eu que sou muito iludida. Ele deve me achar uma carente ridícula. Uma separada bobalhona. Uma desastrada bêbada. Preciso da Laurex.

Laura
| Você vai ver essa superlua da varanda com ele SIM |

Juliana
| Mas é a oportunidade perfeita para devolver o bolo e sair por cima |

Laura
| E você tem quantos anos? 12? |
| O cara falou abertamente da modelo. Se desculpou. Convidou pra varanda. Te chamou de rara |
| Eu gosto do Guto e você vai SIM |

Juliana
| Eu não sei se ele me chamou mesmo ou se eu entendi errado |
| Não quero fazer papel de trouxa |

Laura
| Trouxa é perder a superlua e a companhia |

Juliana
| Tá, eu vou |

Laura
| Juba, vai de boa. Não vai armada e pronta pra guerra |
| Eu te conheço. Está formulando respostas atravessadas pra dar pra ele |

Juliana
| Eu odeio o quanto você me conhece. Tchau |

Laura
| Te amo |

Laura tem razão. Estou me preparando pra uma batalha. Não quero ficar por baixo. Ter aceitado já foi um erro. Ele deve estar se divertindo com esse joguinho na quarentena e eu tô aqui sofrendo e fazendo papel de tonta.

São 20h e vejo, pela fresta da cortina, que ele já está lá. A vontade de não aparecer é tão forte. Queria que ele se decepcionasse como eu me decepcionei ontem. Se bem que ele falou que coleciona decepções. Seria maldade, né? Ah, mas ele pode sofrer um pouquinho. Vou fazê-lo esperar uma meia horinha. Tá bom, já.

Às 20h40 ele entrou de volta no apartamento. Não acredito! Sou muito burra. Pra que fiz isso? Ah, que infantil. Que insegura. Ai, voltou. Ah, tá tomando cerveja. Só foi pegar uma cerveja. Ah, vou lá, vamos ver no que isso vai dar.

Quando abro a cortina e saio na varanda, a lua me surpreende. É muito maior do que eu imaginava. Seu brilho é tão forte que ilumina a cidade. Nunca tinha visto nada parecido.

– Nossa, olha isso! Estou vendo é um espetáculo. – Meus olhos estão grudados na lua.

– Eu também. Estou vendo um espetáculo. – Quando me viro ele está sério, debruçado na varanda, olhando pra mim.

Ele me encara com olhos tão grandes e fortes que eu não sei o que dizer. Volto a olhar pra lua. Esse cara me tira do sério. Vou fingir demência.

– Esse fenômeno devia acontecer mais vezes, né? – Vamos falar da lua.

– É. Quero ver esse fenômeno mais vezes. – Ai, caramba. Tudo tem duplo sentido e eu não sei interpretar. Tô com medo de olhar pra ele.

– Sempre gostei da lua, sabe? É louco pensar que ela está fora do planeta, mas a gente consegue ver. – Pronto... Tô falando merda.

– É louco pensar que ela está tão perto, mas tão longe ao mesmo tempo. – Não sei se ele fala da lua ou de mim. Não sei de mais nada. Vou mudar de assunto.

– Tá tomando cerveja? – Isso foi o máximo que consegui?

– Estou. Quer uma? – Por que não saí com meu gin?

– Quero sim. – Por que eu aceitei?

– Vou lá dentro pegar uma pra você. Não foge de mim, tá? – Ele vai saindo, mas eu aproveito a deixa.

– Quem fugiu ontem não fui eu. – Ele já está lá dentro quando termino de falar, mas tenho certeza de que ouviu. Recado dado.

Ele volta com duas cervejas e se estica pra me entregar. Nossas mãos se tocam bem de leve e muito rápido, mas meu corpo todo estremece. Pego minha cerveja e me sento na poltrona. Abro a cerveja e tomo um gole generoso. Nossa, fazia tempo que eu não tomava cerveja. Que delícia. Ele encosta na varanda e volta a falar.

– Ainda está me odiando muito? – O sorriso é forçado.

– Ódio é uma palavra muito forte. – Tento amenizar. Nunca o odiei.

– Desculpa por ontem. É que a modelo chegou atrasada, álcool em gel em tudo, alguns rabiscos, fotos... Quando ela foi embora vi que tinha perdido a hora. – Espero que ele esteja sendo sincero.

– Tudo bem. – Não fui muito convincente.

– Se serve de consolo, ontem eu também não comi o risoto. Nem fiz. – Ele ri mais descontraído.

– Serve, sim. Eu fiquei desejando aquele risoto. – O risoto e o cozinheiro.

– Eu entendo. Eu também ando desejando. – Caramba. E agora? O que eu respondo?

– Então entende minha frustração de ontem. – Frustração? Nunca nem usei essa palavra.

– Perfeitamente. E, para te compensar, fiz o risoto hoje. Quer? – Ah, não acredito que ele fez.

– Claro que sim. Agora mesmo. – Ele entra animado e eu sorrio. Pra quem? Só de boba mesmo.

Ele volta com o prato quente. Acho que acabou de tirar do

fogo. Ele estica e alcanço meu jantar. O cheiro é maravilhoso. Ele me encara.

— Hey, não vai me fazer jantar sozinha, né? Cadê o seu? — Ele ri e entra de novo.

Jantamos juntos. Cada um na sua varanda. Mal falamos. A comida estava boa demais. Alguns olhares são trocados e uns sorrisinhos também.

— Eu não deveria agradecer, porque você me devia esse risoto, mas obrigada! — Falei mesmo.

— Por nada. Sempre que quiser.

— Sempre? Eu não sei cozinhar, posso querer mesmo. Tem certeza de que vai manter a oferta? — Rimos.

— Com toda certeza desse mundo. Desse mundo, não. Dessa lua. — Ele olha pra ela e depois pra mim.

— Olha... Se tem uma coisa que essa lua tem é certeza. — Que cacete é certeza da lua?

— Quer outra cerveja? — Ah, acho que quero meu gin, mas é chato recusar, né?

— Aceito! — Ele entra e volta rápido com as latinhas.

— Obrigada. — Nossas mãos se tocam levemente de novo e eu estremeço toda. Ele mexe muito comigo.

— Ouviu "Intenso"? Gostou? — "Intenso"? Do que ele está falando?

— Ouvi o quê? Não entendi. — Ele ri.

— "Intenso", a música que te falei, do Flakes. Você não se lembra? — Socorro!

— Não estou me recordando.

— No dia que você caiu e se cortou com a garrafa. Você se levantou para pegar o celular e ouvir a música. — Nossa. Essa bebedeira só piora. O que mais eu fiz e não lembro?

— Ah, claro, lembrei. Pior que não ouvi, mas vou. Prometo. — Lembrei nada, mas vou ouvir.

– Falando em música, hoje cedo eu estava tocando violão e uma música me lembrou você. – Ah, lembrou de mim com música. Acho que eu tô me iludindo.
– Que música? – Qual será?
– Posso tocar pra você? – Ele vai tocar pra mim. Agora eu me apaixono.

Ele entra, volta com o violão e mais cerveja. Guto senta no banquinho, me olha e começa a tocar. Eu tô muito ansiosa para saber que música é essa que fez com que ele se lembrasse de mim, mas nos primeiros acordes me arrepio inteira. Não é possível que ele vai tocar pra mim. Assim, nessa varanda, com essa superlua no céu, depois de cozinhar pra mim, sorrir pra mim, olhar pra mim... Não. Essa música é muito especial e é a primeira que o vejo tocar. Pra mim. Isso é um sonho?

Gosto de te ver ao sol, leãozinho.
De te ver entrar no mar.
Tua pele, tua luz, tua juba.

Ele canta "Juba" olhando no fundo dos meus olhos e eu quero abraçar esse homem.

Ele termina de tocar e eu não sei o que fazer. Eu só queria dar um abraço nele.

– Obrigada, Guto. Muito obrigada por isso. Queria poder te dar um abraço. – Eu disse mesmo isso?

– De nada, Juba. Queria poder ganhar esse abraço. Como eu faço? – Ah, e agora?

– Ah, estamos em isolamento. Também não sei. – Mas eu queria. Muito.

– Então você está me devendo esse abraço. Vou cobrar com juros. – Eu quero pagar com juros.

— Pode cobrar. Terei prazer em entregar. — Eu nem tô bêbada, meu Deus.

— Não faz isso comigo, Juba. — Ele faz uma carinha tão linda.

— O que foi que eu fiz? — Não tenho o mesmo charme que ele.

— Me deixou querendo muito quebrar essa quarentena. — Ai, caramba!

— Eu também não gosto dela. — Não gosto mesmo.

— Eu até tenho algum apreço por ela. Sem a quarentena, provavelmente, eu não teria conhecido você. Não agora. — Nossa, ele nunca foi tão direto.

— É verdade. Isso foi a única coisa boa que a quarentena fez até aqui. — E eu também nunca fui tão direta assim.

— Eu vou cobrar esse abraço, viu? — Ele ri com uma maldadezinha.

— Já disse que pode cobrar mesmo. Te ouvir tocar "Leãozinho" debaixo dessa lua foi a melhor coisa da noite. — Foi.

— Mas a noite ainda não acabou. — Estou completamente sem graça e sou salva. O celular dele começa a tocar e ele se levanta pra atender.

— Me dá só um minuto. — Ele sai e dá para ouvir ele falar com o irmão.

Aproveito o tempo que tenho pra ouvir a música de que ele falou. Pego meu celular, o fone e já procuro no Spotify. "Intenso" – "Flakes". Achei! Preciso saber mais sobre o Guto e essa música pode me mostrar alguma coisa. Nossa! Que forte. Tá explicado por que se chama "Intenso". Será que o Guto é intenso assim? Será que ele viveu isso? Será que ama alguém e está sofrendo? Faria sentido. Ai... que música incrível, mas fiquei confusa. No fim, Flakes canta "me entregueeeeei". Guto está querendo se entregar pra mim? Ah, claro que não. De onde eu tirei isso? Ouvindo pela terceira vez, percebo que minha campainha toca. Quem poderia estar tocando a campainha a essa hora? É ele. Guto está diante da minha porta. Abro devagar e ele sorri bem na hora que Flakes canta "E a tua boca balbuciava..." nos meus ouvidos.

– Vim buscar o que você me deve. – Eu sorrio, não sou capaz de negar um abraço a esse homem. Não teria nem forças.

– É todo seu. – Abro os braços e ele me envolve num abraço-casa. Eu poderia morar nesse abraço. Nossos corpos estão colados e ele canta "Intenso", intenso, junto com os fones.

– *Sentiii na tua pele crua o calor que faltava pra eu me aquecer* – Eu tô perdida com esse homem.

Nossos corpos vão se afastando devagar e ele dá um beijo no cantinho da minha boca. Bem no cantinho mesmo.

– Juros. – E dá uma risadinha enquanto se afasta. Que loucura é essa?

– Boa noite, Guto. – Droga. Eu não queria me despedir.

– Boa noite, Juba. – Que sorriso é esse? Essa noite não pode acabar assim. Não pode.

– Guto, espera! – Ele vira e me encara.

Eu não sei o que dizer. Ele começa a caminhar na minha direção, bem devagar. Meu Deus. Pensa, Juba. Os olhos dele brilham e um sorriso leve lhe estampa o rosto. Se ele chegar muito perto de mim, eu não vou resistir. Olho pros lados pra ver se tem alguém nos espionando. Olho pra dentro do meu apartamento e meu coração aperta. Por que eu tô achando que fazer isso é errado? Ele chega bem perto de mim e posso sentir seu perfume. Como não reparei nele durante o abraço?

– Me chamou? – Ele está a 30 centímetros do meu rosto e eu olho pra ele derrotada. Eu devia ter entrado depois do "boa noite".

– É. Chamei, mas não sei bem por quê. – Nunca fui tão sincera na vida.

– Mas eu acho que eu sei. – Ele avança e cola em mim. Com as duas mãos ele segura meu rosto. Coloca força suficiente para ser firme, mas também delicado. Eu tremo inteira.

— Guto... — Eu não sou capaz dizer nada que não seja o nome dele.
— Diz "não" e eu volto pra casa, diz "sim" e eu... — O interrompo.
— Sim!

Sua boca toca a minha devagar e posso sentir meu corpo todo respondendo. Seguro seus braços para tentar me manter de pé. Uma das suas mãos corre para minha nuca e sinto a pegada. A segunda mão desce para minha cintura e cada pelo do meu corpo arrepia. Ele me empurra e minhas costas grudam na parede ao lado da porta. O beijo vai esquentando, minhas mãos passeiam pelo corpo do vizinho e ele pressiona o corpo dele contra o meu. Posso sentir. As bocas se buscam e se misturam, afoitas, até que a dele me devora o pescoço. Sua barba por fazer me arranha e me maltrata maliciosamente e eu não aguento. Suspiro mais alto do que deveria. Ele descola a boca da minha pele, espalma as mãos na parede, mas mantém nossos corpos ligados. Nenhum de nós diz nada. Ele une sua testa à minha e nos olhamos por alguns segundos.

— Juba... — Ele sussurra meu nome.
— Guto... — Eu não sei nem onde estou.
— Você devia ter dito "não". — Ele ri, descola seu corpo do meu e caminha, de ré, para seu apartamento. Nossos olhos ainda estão cravados e percebo que estou ofegante.

Quando ele fecha a porta, solto o ar e olho de volta para meu apartamento. Meu, não, do Vicente. Parece até errado entrar nesse lugar, mas eu não consigo tirar o sorriso do rosto. Fecho a porta e levo as mãos à cabeça. O que foi isso? Que beijo foi esse? De onde saiu esse vizinho? Sim. Eu teria dito sim mil vezes. Será que a Laura está acordada?

Juliana
| Hey, já dormiu? FOFOCA |

Eu preciso contar isso para alguém e esse alguém é a Laura. A palavrinha mágica vai fazer ela responder bem rápido. Gin! Gin! Gin! Me sirvo uma taça, sento plena no sofá e começo a rir sozinha. Pareço uma adolescente idiota, mas faz tanto tempo que não me sinto assim. Faz tanto tempo que um beijo não tem essa emoção. Quando foi que eu desaprendi? Quando eu e Vicente perdemos isso? Ah, Laura respondeu.

Laura
| Conta logo |

Juliana
| Está pronta? |

Laura
| Beijou o vizinho? |

Juliana
| SIIIMMMMMMMM |

Laura
| Chamada de vídeo imediatamente |

Contei tudo pra ela e a vi gritar e pular de empolgação. Laurex é muito doida, mas também é mais responsável que eu. Levei a maior bronca por ter quebrado a quarentena.

– Nem é tanto por você, mas o cara tem bronquite. Você colocou ele em risco. – Ela tem razão, mas foi ele que veio até minha porta.

– Ah, mas eu não me arrependo. Nem um pouquinho. – Ainda sorrio feito boba.

– Agora já foi. Ah, queria estar tomando gin com você. Pra gente comemorar o fim definitivo do Vicente na sua vida. – Eu sabia que ela ia chegar nesse assunto.

– Sabe que eu até pensei nele quando entrei de volta em casa? – Foi verdade.

– Ah, não tô acreditando. Você beija o artista plástico que tocou Leãozinho da varanda e pensa no Vicente? – Ela faz até uma careta.

– Não pensei no Vicente como homem, mas esse apartamento é dele. – Isso pesa pra mim.

– Não é dele, é de vocês. – Ela vai ficando séria.

– É. Eu sei, mas essa era a casa dele. Ele vivia aqui. É estranho. Acho que não me sentiria confortável em saber que o Vicente está com outra mulher no apartamento que dividimos. – É até estranho pensar nisso.

– Ah, recaída a essa altura não, né? – Laura tem medo de que eu volte com ele.

– Não é recaída. Eu pensei muito antes de decidir me separar e não quero o Vicente. Não o amo mais, mas nós vivemos aqui. Não posso ignorar isso. Ele que escolheu esse sofá. – Eu nem gosto tanto desse sofá.

– Dane-se esse sofá. Essa taça e esse gin ele não escolheu.

– Nunca. Esse gin é meu e só meu. – Ninguém mexe com meu gin!

– Então esquece o Vicente.

– Laura, eu nunca vou esquecer o Vicente. Foi meu marido. A gente viveu junto. Eu não o amo mais, mas ele é parte da minha história. – Preciso ser mais firme.

– Se não ama, tá ótimo. Vamos falar do vizinho que é muito mais interessante. – Eu nem posso negar.

– Sabe uma coisa que eu encuquei. Ele disse que eu devia ter

dito "não". Ele sorria, mas o que será que ele quis dizer com isso?
– Ele me confunde.
– Ah, é que agora ele vai querer mais. Depois de experimentar a tentação é bem maior.
– É, né? Não foi um arrependimento dele. – Ai, dá até um medo.
– Claro que não. Ele estava sorrindo. Não viaja. Bebe o gin. Anda. Dá um golão que eu quero ver. – Queria Laura aqui comigo. Essa é a pior parte dessa quarentena. Ficar longe dos amigos.
– Amanhã eu trabalho, sua louca. Não posso dormir bêbada de novo. – Ando bebendo demais.
– Só pra comemorar! – É. Depois desse beijo eu merecia meu gin!
– Mas já está bom. Preciso mesmo dormir, amiga! Obrigada por hoje. Por ontem. Por tudo. – Ah, eu amo minha amiga. Ah, acho que já tô meio bêbada.
– Vai dormir e sonha com o Guto. Vou continuar aqui ouvindo Intenso. – Eu dou risada e desligamos.

CAPÍTULO 4

*A verdade é veneno
em coração mentiroso*

Monika Jordão

Acordo às dez horas da manhã. Levemente atrasada, mas nada que comprometa minhas entregas de hoje. Vou preparar um café da manhã de respeito. Estou feliz e essa é minha refeição favorita. Começo a colocar a mesa quando vejo que não tenho torradas, requeijão ou frutas. Vou pedir no delivery. Até entregarem eu tomo um banhão.

Cabelos lavados, pele hidratada e uma roupa confortável. Que não é mais o pijama, melhor não arriscar. Como o pedido ainda não chegou, vou ficar só com um pretinho mesmo. Pego a capsula e o cheiro de café me invade como um abraço. Não como o abraço-casa do vizinho, mas está quase lá. Tenho uma paixão especial pelo gin, mas acho que essa paixão é bem dividida com o café. Pego uma caneca grande e vou pra varanda. Não seria ruim receber um "Bom dia, vizinha". O dia está bonito lá fora. Queria poder dar uma caminhada, mas já me arrisquei demais ontem. Ele não aparece, mas não tem problema. Ainda estou sonhando com o beijo de ontem e tenho café.

Seu João interfona. Vou descer para pegar minhas comprinhas. Já lá embaixo, vejo que Seu João está meio atrapalhado. Várias sacolas e uma grande cesta de Páscoa. Ele parece até meio abatido.

– Aqui estão suas compras, minha filha. Que bom que não está indo ao mercado. Melhor comprar no celular mesmo. – Ele realmente não parece bem.

– Está tudo bem com o senhor, Seu João? Estou te achando tão abatido. – Ele confirma com um aceno de cabeça.

– Está sim, minha filha. Só estou um pouco cansado por fazer dois turnos seguidos. – Pego as compras.

– Tem certeza? Não está precisando de nada? – Gosto tanto dele.

– Na verdade, você poderia me fazer um favor?

– Claro. Do que o senhor precisa? – Eu quero poder ajudá-lo.

– Chegou esse presente de Páscoa pro Senhor Augusto. Eu ia colocar no elevador pra ele pegar, mas, como vocês moram no mesmo andar, pode entregar pra ele? – Ah, então a grande cesta de Páscoa é do Guto. Vamos nos ver lá em cima. Ainda bem que não estou de pijama. Ai, me deu até um frio na barriga.

– Claro. Me dê ela aqui. – Pego a cesta e ela é realmente grande.

Quando chego no elevador, confiro minha imagem e estou ótima. Nada como um beijão na noite anterior, não é mesmo? Olho pra cesta e vejo que tem vários corações estilizados de chocolate e um cartão escrito "Lov U". Não é uma simples cesta de ovos de Páscoa. É uma cesta romântica. Meu estômago até dói. Um nó me aperta o peito. Como eu sou idiota. Ele deve ter namorada. Ou alguma peguete. E eu sorrindo feito boba? Como sou boba. Quando eu vou aprender a não me iludir assim? Quando vou entender que homens como o Guto só querem se divertir?

A porta do elevador abre no 12º andar e ele está diante de mim. Sorri ao me ver, mas não consigo retribuir.

– Bom dia, Juba. Há quanto tempo, né? Uau. Que cesta bonita. – Piada? Sério?

– É sua. Seu João pediu que eu lhe entregasse. – Ele parece não entender.

– Essa é a encomenda que ele falou? – Ele finge demência como ninguém e eu tô querendo mandar ele à merda. Eu sou PA-TÉ-TI-CA.

— É sim. Toda sua. — Entrego a cesta pra ele e vou chegando na minha porta.

— Ah, é da Lívia, minha galerista. Meio atrasada, né? — Ele ri e eu engulo em seco. Era da galerista e eu já estava entrando em paranoia.

— Mas chocolate não se nega. — Nossa. Como eu sou boba. Eu preciso ter mais autoconfiança.

— Quer? — Ele está me oferecendo o coração de chocolate?

— Como eu disse, chocolate não se nega. — Pego o pequeno embrulho.

— Trabalhando muito? — Ele quer mesmo puxar papo?

— Bastante. E você? Como está a obra? — Que eu só vou ver quando estiver pronta.

— Estou quase terminando. Trabalhei a madrugada toda. A noite passada me inspirou muito. — Ele tá falando do nosso beijo.

— A noite passada me inspirou muito também. — Mal sabe ele que passei horas falando dele com Laura.

— E o que você fez com a inspiração? — O olhar concentrado dele me desconcentra.

— Tomei gin. — Os dois riem.

— Ah, esse gin! — Ele gostou de tomar comigo, né?

— Meu inseparável companheiro. — Rimos.

— Te vejo à noite na varanda? Com gin? — Ah, essa varanda está virando meu lugar preferido no mundo.

— Só se você prometer tocar violão de novo. Eu me encarrego do jantar dessa vez. — O que eu vou cozinhar??? Eu nem sei cozinhar. O que eu tô falando?

— Vou preparar músicas especiais e conto com seus dotes culinários! — Ele vai pra porta do seu apartamento.

— Até mais tarde, Guto. — Eu fecho a minha.

Essa noite promete.

O que eu vou cozinhar, meu Deus? Eu não sei nem fritar um ovo. Eu vivo de congelados e delivery. Laura! Vou ligar pra ela.
– Preciso de ajuda. – Estou esbaforida.
– O que aconteceu? Está tudo bem? – Ela parece ofegante também.
– Vou me encontrar com Guto na varanda essa noite e eu disse que vou preparar o jantar. – Por que eu me propus a isso?
– PORRA! Que susto! Nunca mais faça isso. Achei que tivesse acontecido alguma coisa séria, Juba! – Ai, que sacanagem.
– Desculpa, mas é que isso é sério. Eu não sei o que fazer. – Tô preocupada.
– Pede comida num restaurante e diz que você cozinhou.
– Eu até pensei nisso, mas ele vai sacar. Ele pode me ver chegando com as sacolas. Não quero isso. Eu me propus, preciso preparar alguma coisa. – Ele sabe que eu não cozinho, mas se eu disse que vou cozinhar, vou cozinhar.
– Eu também não sei. Procura alguma coisa no YouTube. – Ah, será que eu consigo?
– Vou ligar pra minha mãe.
– Está louca? E vai dizer o que pra ela? Que vai cozinhar pro vizinho um mês depois de mandar o genrinho querido dela embora?
– Ai, minha mãe ama o Vicente. Não posso dizer que é pro vizinho.
– Vou dizer que é pra mim. Que tô entediada na quarentena e quero aprender. – Pode funcionar.
– Tá bom. E não esquece que saiu música nova do Fernando Malt. – Ah, verdade. Vou ouvir assim que desligar com a minha mãe.

Ligo pra minha mãe e ela engole fácil a ideia de que tô querendo ocupar o tempo. Fica até feliz com meu interesse na cozinha. Diz pra eu fazer um macarrão com molho de quatro queijos. Que é fácil. Gostei da ideia porque macarrão não é difícil mesmo, e quem não gosta de massa e queijo, né? Guto vai gostar. Pedi os queijos todos no delivery e voltei pro trabalho. Estou cheia de planilhas pra preencher. Faço tudo, mas confesso que minha cabeça está algumas horas adiantada. Só penso na noite da varanda e escuto "Deixa rolar" do Fernando Malt. A música é muito boa mesmo. O gin já está gelando, comprei tônicas a mais e os ingredientes já chegaram. Logo eu me aventuro na cozinha. Termino um relatório, mando pro cliente e fecho o expediente de hoje. É hora de encarar o fogão.

Minha mãe disse que tenho que picar os queijos em pedaços pequenos para eles derreterem melhor no molho. Começo pela muçarela. Estou picando a última parte quando meu celular toca. Nossa, é minha chefe. Limpo a mão correndo e atendo.

– Alô. – O que será que ela quer? Eu já terminei tudo hoje.

– Oi, Juliana, me explica uma coisa. Quem é Guto? – Meu coração para de bater por três segundos.

– Desculpe, Regiane, não entendi. – Como ela sabe do vizinho?

– É que você mandou o e-mail do relatório pro cliente e o chamou de Guto. O nome dele é Glauber. Não entendi. – Eu não posso ter feito isso. Não. Não. Não.

– Ah, não sei como isso aconteceu. Deve ter sido erro de digitação. – Guto está me deixando maluca mesmo.

– Erro de digitação em três e-mails? – Ela não está feliz.

– Devo ter confundido com outro cliente. Desculpe. Isso não vai se repetir. – Eu sou muito burra.

Volto pra cozinha, mas estou me martirizando. Como eu digitei Guto em três e-mails e não percebi o que estava fazendo? Como posso estar assim por causa de um único beijo? Ah, aquele beijo. Que beijo foi aquele? Nossa. Eu queria outro beijo dele. AI! Nossa. Quase me cortei. Foco, Juliana. Foco.

Termino de picar os queijos todos. Gorgonzola, parmesão, muçarela e provolone. Coloco o molho branco, que comprei pronto, na panela e ligo o fogo. Enquanto o molho vai esquentando, coloco a água do macarrão pra ferver. Acho que vai dar tudo certo. O molho começa a borbulhar e, segundo a minha mãe, é hora de acrescentar os queijos. Aos poucos, vou colocando um punhado deles e mexendo. Eles derretem e está ficando bonito. Coloco mais, mais, mais, mais. O cheiro é delicioso. Pego um pouco e provo. Uau. Acertei na mosca. Hora de fazer o macarrão. Olho pra água e ela secou na panela. Não acredito que eu fiz isso. Pego mais água e coloco pra ferver de novo. Já são 18h30 e vou acabar me atrasando. Não marcamos horário algum, mas deve ser às 20h. Sempre foi. Enquanto a água ferve, dá tempo de tomar banho.

Volto limpinha, de roupão e toalha na cabeça. Água fervendo. Jogo o macarrão lá dentro e corro pra me trocar. Um vestido soltinho é bom, né? Tá ótimo. Vejo o macarrão e está quase no ponto, se eu for secar o cabelo agora a massa vai passar. Pego e celular e não tem nem mensagem da Laura. Provo o macarrão e acho que está bom. Desligo o fogo e vou secar o cabelo. Maquiagem feita. Uma rasteirinha. Perfume. Acho que é isso. São 19h40. Tenho 20 minutos pra respirar e mostrar naturalidade. Olho pela cortina e ele ainda não está na varanda. É hora do gin. Taça, gelo, limão, gin e tônica. Ah, como eu amo isso.

– Juuuuba! – Ele está gritando meu nome. Hoje não o deixo esperando.

– Boa noite, Guto. – Quando olhos pra ele, perco o ar. Ele está maravilhoso. Veste uma calça jeans, uma camiseta branca lisa e, por cima, uma camisa azul-marinho aberta. O cabelo é o mesmo e a barba por fazer também. Gosto disso.

– Boa noite. Conseguiu trabalhar? – Não posso contar que chamei o cliente de Guto, né?

– Sim. Tudo certo. Está com fome? – Quero tanto que ele prove meu macarrão.

– Estou sim. Ansioso. – Levanto e vou pra cozinha. Tudo pronto. É hora de comer. Levo o prato dele pra varanda e deixo o meu para pegar depois.

– Aqui está. Espero que goste. – Estico o braço e entrego o prato pra ele.

– O cheiro está ótimo. – Bom sinal. Ai, estou ansiosa para ver a reação dele.

– Juba... – Ele olha pro prato e depois olha pra mim. Ele está com uma cara estranha. Será que tem um cabelo no meio da comida?

– Aconteceu alguma coisa? Você não come queijo? – Estou nervosa.

– A ideia é comer com a mão mesmo? – Ah, os talheres. Não peguei talheres.

– Não. Claro que não. Me desculpe. Vou buscar. – Como eu sou idiota.

Pego os talheres, meu prato e guardanapos. Acho que não estou esquecendo de nada.

Quando ele dá a primeira garfada, fecha os olhos.

– Hummmmmm... – Acho que ele gostou.

– De acordo com a Ana Maria, esse "hummmmm" é sinal de aprovação, né? – Quero que ele solte os cachorros.

– Está uma delícia. Você não vai comer? – Ah, não comi ainda.

– Vou. Estava só esperando você provar e não morrer envenenado pra ter certeza de que é seguro. – Ele ri e eu como. Não é que está bom mesmo?

Ele raspa o prato e seu rosto reflete satisfação. Nem acredito que eu cozinhei bem. Se o Vicente souber disso, assina o divórcio na hora.

– Está servido de mais? Tem muito macarrão e molho ainda. Exagerei também. – Queria que ele comesse a panela toda.

– Não. Estou satisfeito. Estava delicioso. – Ah, eu acredito. Estava delicioso mesmo.

– Tenho gin também. Quer gin? – Estou tão feliz.

– Vou começar na cerveja mesmo. Pode ser? – Ele pode tudo.

– Pode. Eu vou ficar no gin. – Ele levanta e entra. Quando volta, está carregando o violão. É hora do show.

– Quer pedir alguma música? – Ah, que bonitinho.

– O jantar era por minha conta, as músicas são por sua. Sou só ouvidos. – Estou animada.

Ele se ajeita no banquinho, dá um grande gole na cerveja e para imediatamente no primeiro acorde.

– Só um instante. Preciso afinar. – Não entendo por que todo músico precisa afinar o violão toda hora. Por que não afinam antes? Por que deixam sempre pra hora do show?

– Tudo bem.

Ele termina de afinar e toca a primeira música. Eu me derreto toda. "Eu amei te ver", do Tiago Iorc, é uma das minhas músicas preferidas. Ele deve ter percebido que ouço muito Tiago Iorc, né? E bem essa. Será que é uma indireta? Que amou me ver ontem... Que amou nosso beijo... Para, Juliana. Você é muito iludida.

– Adorei. Gosto muito dessa música. – Sorrio feito boba. Ele canta tão bem.

– Que bom. Tirei ela hoje. – Nossa. Em um dia?

– Você toca há muito tempo? – Quero saber tudo sobre ele.

– Comecei a tocar na adolescência, mas nunca fui profissional. Só toco entre amigos mesmo. – Amigos. Palavra ruim. Somos só amigos? Gin!

– Você é todo artístico, né? Artista plástico, toca violão, canta. – Nossa, podia passar o resto da noite listando qualidade dele.

– Sou filho de artistas. Minha mãe é bailarina e meu pai é pianista. Os filhos acabaram seguindo carreiras artísticas também.

Meu irmão é bailarino, minha irmã é atriz e eu sou artista plástico.
– Que genética boa.
– Quanta emoção nessa família, hein? Meu pai é contador, como eu, e minha mãe foi professora, mas é dona de casa desde que nasci. Emoção alguma. – Não posso me envergonhar da minha família, mas diante da família dele é impossível.
– Emoção não tem relação nenhuma com a sua profissão. Conheço artistas que não têm a sensibilidade da mulher que fez o jantar de hoje.
– Ah, ele está elogiando meu macarrão de novo. Se soubesse o sufoco que foi!
– Obrigada, mas eu não conheço um contador que tenha a emoção de uma bailarina. Toca mais uma, vai?
Ele assente com a cabeça e começa a tocar, mas eu levo um tempo pra identificar a música.
– *Eu gosto tanto de você que até prefiro esconder. Deixo assim ficar subentendido* – Meu Deus... É Lulu Santos. Eu amo essa música. Como se chama, mesmo? Ai, preciso lembrar pra poder ouvir de novo depois.
– *Eu acho tão bonito isso de ser abstrato, baby. A beleza é mesmo tão fugaz* – Ah, ele canta tão lindo. Nem sei dizer.
– *Se amanhã não for nada disso caberá só a mim esquecer e eu vou sobreviver. O que eu ganho, o que eu perco, ninguém precisa saber.*
Ele termina de cantar e eu suspiro.
– Essa música é tão linda, qual é mesmo o nome dela? – Não consegui me lembrar.
– "Apenas mais uma de amor." É linda mesmo. Gosto tanto dessa letra. – Ele falou da letra. Preciso estudar essa letra depois.
– Eu adoro Lulu Santos. – Ele ficou feliz e tocou mais três músicas dele. Lulu é tão minha adolescência. Deve ter sido influência

pra ele também. Até que não somos tão diferentes. Eu canto junto e pareço até boba. No final, aplaudi. Era um show particular pra mim e ele merecia os aplausos.

— Obrigada, Juba. Fico feliz que esteja gostando. — Olha esse sorriso, meu Deus!

— Vou adorar ainda mais se eu puder pegar mais gin. — Minha taça esvaziou na última música.

— Claro. Vou pegar mais uma cerveja também. — Nós dois saímos. Gin, gin, gin. Pego meu celular e tem várias mensagens da Laura.

Laura
| Conseguiu cozinhar? |
| Como está o jantar? |
| Ele já tocou sua campainha? |
| Beijou? |
| Quero saber de tudoooo |
| Já ouviu a música do Fernando Malt? Maravilhosa |
| Deixa rolaaaar |

Ah, ouvi a tarde inteira. Não perderia por nada, mas agora só quero ouvir Guto Vizinho. Pego minha taça e volto pra varanda. Ele já está no banquinho e mexe no celular.

— Tudo bem? — Nesses tempos de pandemia, tudo pode ser notícia ruim. Principalmente tarde da noite assim.

— Tudo. Estava só passando o tempo até você voltar. — Ele sorri.

— Voltei. — Sorrio também.

— Posso tocar mais uma? Acho que você não conhece essa, mas queria muito tocar ela pra você. — Ai, agora fiquei nervosa. Qual será?

— Por favor. — Gin!

Ele começa a tocar eu, realmente, não conheço.

Amanheceu e a gente não quer ir embora.
Isso é loucura.
Não tem razão e nem tem cura.
O nosso filme tem que ter censura...
Saudade da camisa que eu te dei.
Por que você não vem aqui com ela?
Me empresta, só pra sentir teu cheiro nela...

Ele termina de tocar e estou sem ar.

– Nossa, Guto! Que música linda. É sua? – Já pensou se ele compôs pra mim?

– Não. Eu não tenho o menor talento para compor. Essa música é do Eu, Trovador. Chama "Camisa". – Eu vou ouvir essa música pra sempre. Camisa. Camisa. Camisa. Não esquece, Juliana. "Eu, trovador", "Camisa".

– Forte, né? Intensa. Gostei. – Acho que tô ficando levemente alterada.

– Ela me fez pensar em você. – Ele tá falando sério?

– Fez, é? Por quê? – Vamos ver até onde ele vai.

– Porque ontem você me fez voar. – Como ele consegue dizer isso assim, com a maior naturalidade? Fiquei sem graça.

– Acho que ontem eu voei também. – Devo estar vermelha de vergonha.

– Que bom que voamos juntos, então. – Ele sorri, mas parece sem graça também.

Um silêncio estranho se estabelece e o clima fica esquisito. Acho que depois dessa história de voar os dois fizeram um pouso forçado na realidade.

– Posso te mostrar uma música também? – Preciso quebrar o climão.

– Claro. Você toca violão? – Eu gargalho descontroladamente.

– Não. Eu não toco nem campainha. Vou te mostrar a música no Spotify mesmo. Tudo bem? – Ele ri. Ufa. Melhor assim.

– Claro. Quero ouvir. – Levanto, pego o celular e a caixinha de som e volto pra varanda. Ele já encostou o violão na parede e toma a cerveja, mas parece tenso.

– Deixa só eu achar aqui. – Cadê a música? Achei!

– Que música é? – Ele parece interessado, mas ainda tenso.

– Tem um cantor aqui de São Paulo que chama Fernando Malt, eu sou muito fã dele. Ele lançou uma música nova, chama "Deixa rolar" e eu queria te mostrar. Ouvi a tarde inteira.

– Então vamos lá! – Sorrimos e eu dou o play!

Malt começa a cantar, mas os olhos de Guto me impedem de ouvir qualquer coisa. Como ele é lindo. De repente ele abre um grande sorriso e volto a prestar atenção na música.

Veio pra cá perguntar "e aí?"
Deixa rolar.
Sigo teus passos mesmo sem saber onde vai me levar.
Fecho os olhos, encaro o desejo, sou teu se quiser me roubar.
Deixa rolar.

No fim, Guto já está cantarolando o "Deixa rolar".

– Pelo sorriso, você gostou. – Eu quero ver esse sorriso pelo resto dos meus dias.

– Você deixa?

– Deixo o quê?

– Rolar... Eu te roubar...

Nossa... E agora? O que eu respondo? Quero ser roubada. É tudo que eu mais quero. Me rouba, Guto. Ai, não posso responder isso assim.

– Você quer me roubar? – Falo com charminho. Vamos dar corda...

– Quero! Quer ser roubada? – Ele me olha sério.

Eu suspiro e sorrio. Vou responder, mas ele sai da varanda. Pra onde ele foi? Será que tá vindo aqui? Ai, caramba. Borboletas no estômago. Entro correndo e me olho no espelho da sala. Tudo certo com a minha aparência? Médio, né? Mas se ele quer me roubar assim, que eu seja roubada. Celular na mão. Coração na mão. Ele não vai tocar a campainha? Chego perto da porta pra espiar pelo olho mágico quando a campainha toca. Ele está aqui. Ele está aqui. Abro a porta. Beeeem devagar.

Ele está plantado na minha frente, a uns cinco passos de mim. Como está lindo. Como é cheiroso. Eu dou um passo pra fora do apartamento e fecho a porta. Que ele me roube logo. Como canta o Malt: *Eu deixo rolar!* Ele continua me olhando e não diz nada. Eu sustento o olhar, mas é difícil. Ele respira forte. Parece estar se controlando. Eu também estou. Só queria me jogar em seus braços. Ele dá um passo pra frente. Isso parece uma sessão de tortura. Ele olha prà minha boca. Eu sorrio. Ele dá mais um passo. Eu mordo o lábio e ele fecha os olhos. Por que está se contendo assim? Eu quero!

– Você sabe que deve dizer "não", né? – Ele me olha tão profundamente.

– Mas eu só quero dizer "sim". – Eu mal termino de falar e ele avança, feroz. Perde o controle.

Ele me prensa contra a minha porta. Sua boca devora faminta a minha e jogo os braços em volta do seu pescoço. Suas mãos seguram minha cintura e eu estremeço toda. Puxo seu cabelo e agarro a gola de sua camisa. Queria poder fundir nós dois em um só. Eu sou alimentada por esse beijo. Esse beijo-fogo. Seus lábios correm pro meu pescoço e seus dentes riscam minha pele. Suspiro desgovernada. Sua língua vai parar na minha orelha e eu cravo as unhas na sua nuca. Sua mão aperta minhas costas e os dois estão ofegantes. Ele pressiona o corpo contra o meu e o sinto. O que está acontecendo aqui é de uma intensidade descomunal. Esse homem é a pura intensidade. Ele tira uma mão de mim e coloca na maçaneta. Ele quer entrar? No meu apartamento? Não ia me roubar? Ele abre a porta. Ele dá um passo e estamos entrando. Eu abro os olhos e vejo Guto, colado em mim, entrar na minha casa. Na casa onde Vicente viveu comigo. O lar que meu ex-marido deixou há apenas um mês. Eu não consigo fazer isso aqui. Ele não ia me roubar? Era para estarmos no apartamento dele e não no meu. Não entendeu quando fechei a porta? Sua boca me consome, mas a culpa também. Eu me desvencilho dele e, ofegante, o encaro com pesar. Não posso fazer isso. Não aqui.

Ele me olha confuso. Não sei o que dizer. Não posso falar no Vicente. Ele vai entender tudo errado. Eu não quero Vicente. Eu quero tanto esse homem, mas não pode ser aqui. Ele balança a cabeça e olha pro chão. Aí, meu Deus.

– Guto, desculpa. É que... – Ele não me deixa terminar.

– Tudo bem, Juba. Eu entendo. – Ele coloca as mãos na própria nuca e me olha decepcionado.

– Guto, eu quero. Eu quero muito. É que aqui... – Ele, de novo, não me deixa falar.

– Você não precisa explicar nada. Eu entendi. – Ele se vira e vai em direção à porta, que ainda está aberta.

– Guto, espera. Não é assim. – Eu preciso fazer alguma coisa.

– Tá tudo bem, Juba. Tá tudo bem. – Ele sai e eu vou até ele. Seguro sua blusa pelas costas e ele para.

– Guto, você pode me roubar. – Encosto a testa nele, mas ele não reage.

– Talvez não seja uma boa ideia. Te vejo na varanda. – Eu o solto e ele se afasta. Não saio do lugar e o vejo entrar sem olhar para trás.

Entro em casa e odeio esse lugar. Odeio ainda estar aqui. Me odeio por ter estragado tudo. Eu não quero Vicente, mas não consigo sentir essa casa como meu lar. Esse lugar era nosso. Não posso colocar o vizinho aqui dentro assim. Gin! Preciso de gin! Não posso fazer isso assim. Não sou uma adolescente inconsequente. Posso, na verdade eu posso, sim. Por que eu fiz isso? Por que eu hesitei? Ele deve ter entendido tudo errado. Como eu explico agora? "Olha, Guto. Eu fugi porque meu ex-marido morava aqui e eu me senti mal, mas quero você". Nem eu mesma acreditaria nesse discursinho. Ah, era só ele ter me levado pro apartamento dele. Era simples. Por que ele quis vir pra cá? Por que, meu Deus? Droga! Droga! Eu estraguei tudo. Ele estragou tudo. Talvez seja um sinal. Talvez seja melhor assim.

O que é isso? Ele está tocando violão na varanda? Não achei que ele fosse mesmo pra varanda. Eu devo ir lá? O que eu vou dizer? Não consigo nem olhar pra ele. Eu fiz tudo errado. Gin! Eu vou. Ele disse para nos vermos na varanda. Não posso hesitar e deixar ele lá sozinho. Chego perto da cortina e posso ouvir ele cantar.

Quando te encontrei
O porquê não sei
Você apareceu, o oposto de mim
Tudo me fez crer
Que não ia acontecer
Mas agora é de você que eu quero ser

Isso é pra mim? Ele está cantando pra mim? Entro silenciosa na varanda.

Não seja chuva que vem e vai
Tempestade que leva e traz

Não desista de nós
Ouça o som da minha voz

Ouço, Guto. Eu ouço a sua voz. Não quero ser tempestade que vem e vai. O que eu faço, meu Deus!?

Ele termina de cantar, me olha triste e volta a dedilhar alguma coisa. Espero, mas ele não canta nada. Apenas olha pro violão e tira dele um som bonito. Se meu coração não estivesse tão apertado, eu diria que é a cena mais linda que já vi. Gin!

– É sua? – Só consigo dizer isso.

– Não. É do Victor Cupertino. Chama "Quando te encontrei". Ouça depois. – Com certeza.

– É linda. Vou ouvir. – Tudo que vem dele é lindo.

– É linda... e triste. – É triste. Será que foi pra mim?

– É triste. Não quero ser só chuva, Guto. – Precisamos falar sobre isso.

– Tudo bem, Juba. Chuvas vêm e vão. – Ele está muito decepcionado.

– Eu ouço sua voz. – O que eu faço?

– Eu sei. – Ele não quer conversar. Nem olha pra mim.

– Guto, é que aqui é complicado. – Ele precisa entender meu lado.

– Eu entendo, Juba. Está tudo bem.

– Não está. – Me levanto e chego perto da grade.

– Está, sim. Fica tranquila. Eu entendo. – Não entende. Ele não entende. Estou nervosa.

– Guto, eu disse "sim" e diria quantas vezes você perguntasse. – Eu diria "sim" sem pensar.

– Sem dizer, você disse "não".

– Você disse que eu deveria dizer "não", né? Mas eu disse "sim". – Ele precisa entender.

– Juba, está tudo bem. Está tudo claro. – Como ele é cabeça-dura.

– É só que aqui eu me sinto... – Eu ia falar sobre o incômodo com o fato de o apartamento ser do Vicente, mas eu deixei a taça escorregar, ela voou pela varanda e se espatifou lá embaixo.

Eu dei um gritinho ridículo e ele se levantou correndo.

– Você está bem? – Ele pareceu preocupado.

– Estou, mas a taça não está. – Olhamos lá pra baixo e, Graças a Deus, não caiu em cima de ninguém.

– Pelo menos você não se cortou dessa vez. – Um leve riso sai de seus lábios.

– Ainda bem, né? Vou ligar pro Seu João. Explicar que fui eu. – Rio sem graça e ele sorri de volta.

Depois de explicar tudo, Seu João disse que eu não precisava descer, que ele mesmo ia recolher os cacos. Tão bonzinho, Seu João. Sua voz parecia fraquinha, mas ele tava com o humor alegre como sempre. Volto pra varanda e Guto está olhando o horizonte.

– A vista é bonita daqui, né? – Ele quer mesmo desconversar.

– É. A vista é linda. – E é mesmo. Do 12º andar podemos ver boa parte da cidade de São Paulo. A noite é um show de luzes tão bonito.

– Comprei esse apartamento só por causa dessa vista. Mal sabia eu... – Ele deixa no ar e eu não entendo. Mal sabia o quê?

– Como assim? – Eu quero entender. Gin!

– Que eu teria uma vista ainda melhor. – Ele olha pra mim. Ah, que alívio. Ainda está mandando indiretas.

– Guto, me desculpe. – Eu, realmente, lamento.

– Juba, eu entendi tudo. Estou acostumado com isso. Está tudo bem. – Acostumado?

– Está mesmo? – Eu quero ter certeza.

– Está. – Ele começa a tirar a camisa e não entendo. O que ele está fazendo? Ele faz um bolo com a camisa e joga ela pra mim. Pego meio assustada. Não entendo.

— O que é isso, Guto? — Seguro com todas as minhas forças.
— Um presente.
— Por que um presente? — Eu amei.
— Pra poder tocar "Camisa" pra você com mais propriedade. — A música. Aquela música que ele tocou mais cedo.
— "Camisa", "Quando te encontrei"... Qual delas devo ouvir? — Agora é a hora.
— Nesse momento eu só consigo ouvir "Quando te encontrei", mas espero poder cantar "Camisa" pra você um dia. — Ele suspira e caminha pro apartamento.
— Guto...
— Boa noite, Juba. Até qualquer hora. — É, eu estraguei tudo mesmo.

Fico na varanda mesmo depois que ele entra. Eu e a camisa. Abraço o bolo de tecido que descansa nas minhas mãos e sinto o perfume dele. Acho que vou passar a noite aqui. É incrível, mas esse é meu lugar preferido nessa casa. Acho que é o único lugar do qual eu gosto de verdade aqui. Não tenho vontade de ir pra sala e, menos ainda, pro quarto. Foi aqui que eu e Guto nos aproximamos, foi aqui que o vi cantar pela primeira vez. Como as coisas saíram do lugar assim? Por que ele não me levou pro apartamento dele? Por que ficou tão arisco? Por que não me deixou explicar? Se bem que acho que nem eu ia gostar de ouvir essa explicação, "por causa de ex fica complicado pra mim". Mas não consigo ficar confortável com outro homem aqui. Sinto o peito apertar e até o estômago dói. Será que o perdi? Será que ele vai sumir? Preciso falar com a Laura.

Juliana
| Laurex? Tá acordada? |

Juliana
| FOFOCA |

Pronto. Em breve ela aparece. Será que se eu passar a noite cheirando essa camisa o perfume vai acabar? Por que será que ele me deu essa camisa se ficou tão chateado? Esses sinais dúbios me confundem tanto. Ele sempre morde e assopra. Ele fala coisas com duplo sentido. Talvez esteja confuso. Talvez tenha outra pessoa. Talvez eu seja só um brinquedo novo.

Cadê a Laura? Vou olhar o Instagram dele. Será que postou alguma coisa? Olho e tem story. Não sei se devo abrir. Ele vai ver que eu vi. Ele vai saber que eu o encontrei. Ah, vou olhar. Abro e é uma postagem da Amanda Abreu :"Por que você volta e depois vai embora?". Isso foi há 30 minutos. Depois do nosso desentendimento. Será que foi pra mim? Eu não fui embora. Eu estaria agora em seus braços se ele tivesse me roubado. Ele entendeu tudo errado.

Laura
| Conta tudo! |
| Rolou? |

Juliana
| Até que enfim apareceu |
| Deu tudo errado |

Laura
| Como? |

Juliana
| Ele perguntou se eu queria ser roubada |
| Disse que sim e ele veio aqui |

| Me beijou |
| Beijo-fogo |
| Durante o beijo ele abriu minha porta e foi me empurrando pra dentro |
| Entrei em pânico e recuei |
| Ia explicar, mas ele não deixou e foi embora |

Laura
| Entrou em pânico por quê? |
| Eu vou te matar |

Juliana
| Calma. Não foi por causa do Vicente |
| Foi por causa desse apartamento |
| Não posso fazer isso |
| Não ia ficar confortável |

Laura
| Apesar de querer te socar por espantar O CARA, te entendo |
| Não dá mesmo pra viver uma história nova aí |
| Manda mensagem pra ele |

Juliana
| Não trocamos telefone. Ele postou story |

Laura
| Posta um também, eu já volto. |

Segui o Guto no Instagram e ele já me seguiu de volta. Está acordado. Preciso postar alguma coisa. E se eu postar a música "Camisa"? Ele disse que me deu a roupa por causa dela... Pego o celular e vejo outra música do Eu, Trovador, que se chama "Volta". É isso. Vou postar a música. Quero que ele volte. Quero ele comigo. Quero Guto.

Aonde você vai?
Por que não volta?
Vem cá
Me fala um pouco mais
Da sua história
Ou não
Os beijos que não dei
Só resta imaginar

A música é perfeita. Posto a letra e o link do Spotify. Se ele aparecer aqui, eu falo logo pra gente ir pra casa dele. Ele vai ter que me ouvir. Pego mais gin e cheiro a camisa mais uma vez. Como é possível sentir saudade de alguém que eu beijei há duas horas? Como posso sentir falta de alguém que acabei de conhecer? Parece loucura, mas é isso. Eu tô com saudade dele. Tô com medo de ter perdido tudo. Tudo.

Já faz uma hora que postei a música e ele já viu. Não postou mais nada. Não respondeu. Não comentou. Não tocou minha campainha. Não apareceu na varanda. Não fez nada. Meu peito dói e um nó aperta minha garganta. Como eu sou ridícula. O cara veio aqui, me beijou, não me deixou falar e foi embora. Eu tô aflita, angustiada e ainda postei música. Ou ele tá rindo da minha cara ou, realmente, ficou sentido com meu recuo. Eu não o estava rejeitando. Eu só queria ir pra casa dele.

Lágrimas molham meu rosto e decido entrar. Ser flagrada por ele chorando no chão vai ser patético. Tomo um banho e choro ainda mais no chuveiro. Qual é o problema comigo? Por que eu não consigo fazer as coisas certas? Visto a camisa azul e deito pra dormir. Não há mais o que fazer.

CAPÍTULO 5

*Somos plurais,
um misto de subir e descer.
De se perder e se encontrar.
De sucumbir e levantar.
Somos terra e mar.*

Monika Jordão

Acordo e me lembro da noite passada. O beijo me faz sorrir, mas seu silêncio me aperta o peito de novo. Olho o celular e não há sinal dele. Já são 10h30. Levanto, faço meu café. Viva o café! Como é bom sentir o aroma preencher a cozinha. Como é bom o amargo limpar a garganta. Como eu amo café. Sento pra trabalhar e tenho dificuldade de me concentrar. Termino a primeira auditoria quando o interfone toca.

– Boa tarde, Seu João!

– Boa tarde, minha filha. Tem uma encomenda pra você aqui embaixo. – Ué, não pedi nada. Já almocei um miojão.

– Tô descendo, Seu João.

Dou um tapa no cabelo, vai que encontro ele de novo, né? Desço e percebo Seu João ainda mais abatido. Estou preocupada com ele.

– Seu João, o senhor está muito abatido. O que está acontecendo? O senhor se sente bem? – Ele dá um sorriso forçado.

– Só estou cansado, minha filha. Fazendo dois turnos todos os dias. – Deve ser uma loucura mesmo.

– Tem certeza que é só isso? Estou preocupada.

– Tenho, sim. Não se preocupe.

Pego a encomenda. Uma caixa de papelão fechada. Levo lá pra casa e abro em cima da mesa da cozinha. O que é isso? Quem mandou? Estou confusa. Parece até coisa de filme. Uma bandeja de carne, uma cebola, 2 potinhos com sal e pimenta do reino, um vidro de óleo, uma lata de cerveja, uma garrafa de gin e três limões. Isso com certeza não é pra mim. O gin bem que poderia ser, o meu está acabando. Tadinho do Seu João, está tão cansado que errou o apartamento. Ligo pra ele.

– Seu João, acho que o senhor errou o apartamento. Eu não fiz essas compras. – Já estou colocando tudo de volta na caixa.

– É sim, minha filha. Tem um cartão no fundo da garrafa de tim. – Ele quis dizer gin, tadinho. Cartão?

– Ah, tem mesmo. Obrigada, Seu João.

Desligo e leio o cartão.

Juba,
Primeiro coloque o gin para gelar. Depois bata os bifes para amaciá-los e tempere com sal e pimenta-do-reino. Em uma frigideira, aqueça o óleo e frite os bifes, dourando-os dos dois lados. Acrescente a cebola e a cerveja. Cozinhe em fogo baixo até que os bifes fiquem bem macios.
Não preciso te dar a receita do gin, prepare como mais gosta.
Vista minha camisa, te vejo na varanda às 21 horas.
Guto

Nossa, estou até tremendo. Não sei bem como avaliar tudo isso. Me alivia o coração saber que ele ainda pensa em mim. Saber que ele quer me ver. Saber que meu recuo não determinou o nosso fim. Que pensou até nesse presente... tão inusitado. Talvez ele não tenha entendido a parte do "Eu não sei cozinhar". Não poderia ter me mandado um iFood de presente? Eu ia gostar mais. Não! Vou parar de reclamar. Tudo que eu queria era um sinal dele e ele mandou. Mandou mais do que isso. Vamos ao preparo...

Prendo o cabelo e sigo a receita do bilhete à risca. Bato os bifes, tempero, coloco na frigideira. Viro, viro, viro de novo. Essa parte é difícil. Não sei bem o tempo que tem que ficar. Ele podia ter sido mais específico nessa parte, né? Corto as cebolas e choro. Não sei se pelas rodelas que caem no prato ou porque estou verdadeiramente nervosa. Como eu posso estar envolvida assim? Acrescento tudo ao bife e jogo a cerveja. O cheiro é bom, mas a aparência é horripilante. O resultado é tão feio que me assusto comigo mesma. Como consigo errar um simples bife acebolado? Como vou servir isso pro Guto? Não posso. Não depois daquele risoto. Ele sabe cozinhar. Deu a receita. Eu não estou à altura dele. Esse bife é uma vergonha. Laurex! Gin!

Juliana
| FOFOCA |

Já vou logo apelar.

Laura
| Ele mandou mensagem? |

Juliana
| Não. Mandou uma caixa com ingredientes e esse bilhete |
| FOTO |

Laura
| Então vocês vão se encontrar |

Juliana
| Vamos, mas eu fiz o bife e ficou horroroso |
| FOTO |

Laura
| hahaahahahahahahaah |
| Ficou horroroso mesmo |

Juliana
| Eu não posso errar com ele de novo |
| Peço um bife no iFood? |

Laura
| Não! Você vai servir exatamente o que fez |
| Ele não te pediu pra fazer? Você fez |

Juliana
| Tem certeza que essa é a melhor saída? |

Laura
| Juba, não tem do que sair. Vocês vão se ver |
| Esse bife é só o pretexto que ele arrumou |

Juliana
| Será? |

Laura
| Ou você acha que ele quer avaliar seus dotes culinários? |
| Que horas foi marcado? |

Juliana
| 21h |

Laura
| Então vai se arrumar |

| Não esquece a camisa dele |
| Depois me conta tudo |

Corro pro banho e me arrumo. Uma calça jeans, um top branco e a camisa dele, entreaberta. Cabelos molhados mesmo. Não vai dar tempo de secar. Ainda tenho que aquecer o bife feio e faltam 20 minutos. Não posso deixar isso queimar. Fico vigiando atentamente e acho que já está bom. Que ele não se atrase, pra isso não esfriar. Se eu tiver que reaquecer, vai ficar ainda pior. Chego na varanda e ele já está lá. Ele e seu violão. Gosto de saber que ele vai tocar pra mim de novo.

– Boa noite, artista! – Dou um sorriso e me acomodo na poltrona.
– Boa noite, Juba! – É... me chamar de "contadora" não é tão legal.
– Inusitado seu presente. – Vamos logo falar desse bife.
– Não gostou? – Ele parece preocupado.
– Cozinhar não é meu forte, né? – Ai, comecei reclamando. Isso é ruim.
– Eu devia ter sido mais criativo, então. – Vou corrigir isso.
– Você foi bem criativo, eu jamais teria pensado em algo assim. Só espero que o resultado esteja à sua altura. – Pronto. Menos mal.
– Tenho certeza que estará. Confio em você, Juba. – Ele não sabe o que está dizendo.
– Melhor dizer isso depois de comer. Posso servir? – Antes que esfrie.
– Pode! – Ele esfrega uma mão na outra. Tadinho, vai se decepcionar.

Entro e pego o prato e, dessa vez, não esqueço os talheres. Levo até ele e volto correndo pra pegar o meu. Nem eu quero comer isso. Vamos ver no que vai dar. Sento e olho pra ele.

— Primeiro você, Guto. A ideia foi sua. — Ele ri e dá a primeira garfada. Eu nem consigo respirar.
— Está excelente, Juba. — Ele fala de boca cheia.
— Tem certeza? — Nem eu acredito.
— Tenho. Prova... — Corto um pedaço e levo à boca. Está comestível, mas longe de estar bom.
— Você mente muito bem. Isso está horrível. — Ele ri.
— Não está horrível. Eu gostei. — Ele come mais.
— Você não precisa comer isso. Me dê aqui o seu prato. Vamos pedir alguma coisa. Eu posso fazer um miojo. Eu acerto no miojão.
— Ele não me dá o prato.
— Juba, eu adoro bife acebolado. Não troco esse prato por miojo nenhum no mundo. — Ele fala sério e come mais.
— Guto, por favor. Você não precisa fazer isso. — Eu estou apavorada. Não devia ter ouvido a Laura.
— Eu quero. Está bom, sim. Ele foi preparado por você. Vou raspar o prato. — Ele sorri e eu desisto de convencê-lo do contrário. Como o meu também.

Levo o prato para dentro e preparo duas taças de gin. Ele vai tomar comigo. É parte do presente, né? Eu volto e ele está dedilhando o violão. Eu amo vê-lo tocar assim. Despretensioso. Paro na porta e fico observando. Ele se debruça sobre o instrumento e toca com tanta sensibilidade. Os dedos passeiam pelas cordas como se soubessem o que fazer. O som me acaricia os ouvidos. Ele tem tanta intimidade com o que está fazendo que é bonito de ver. Ele me olha e sorri, mas não para de tocar. Sento e continuo a observar. Como eu posso gostar dele assim?

— Quer pedir alguma música? — Ele continua sorrindo.
— Toque o que você quiser. — Eu não me importo. Desde que ele não pare.

Ele toca umas músicas que eu nem conheço e eu só digo que adorei.
— Posso tocar sempre que você quiser. É só pedir.
— Olha que eu peço, hein? Se você não fugir de novo. — Ele ri, mas abaixa a cabeça.
— Expectativas, lembra? Me fazem fugir às vezes. — Ele fala com pesar.
— Eu te decepcionei ontem, né? — Eu sou muito idiota.
— Você não tem culpa. As expectativas foram criadas por mim. Está tudo bem. — É, eu o decepcionei.
— Tudo bem não está, mas vai ficar. — Eu espero que fique.
— Intenso, lembra? — Do que ele está falando?
— Você se refere à música "Intenso" ou a você mesmo? — Vamos falar mais claramente.
— Me refiro a tudo. Não tem música que me retrate melhor. — Preciso estudar essa música.
— Intensidade é ruim? — Também me considero intensa.
— Às vezes é, mas você não precisa se preocupar com ela. — Será que não?
— Ela também vive em mim. — Gin.
— Você vai ficar com as duas taças? — Mudou de assunto. Vou ter que provar.
— Ah, então você quer gin? — Santo gin!
— Quero. Posso? — Ele sorri e se levanta para pegar no parapeito da varanda. Vou até ele e respiro fundo para criar coragem.
— Como você se lembra, derrubei uma taça lá embaixo. É mais seguro te entregar em mãos. Abre a porta pra mim? — Nem acredito que eu tive coragem de dizer isso. Ele sorri. Bom sinal.
— Mas é claro. — Eu me afasto e ele também.
Confiro a imagem no espelho. Vamos assim mesmo. Respiro fundo e saio do apartamento. Ele já está na porta dele e sorri pra mim.

Paro por dois segundos para fotografar a cena na memória. Vou até ele com o gin estendido. Ele pega a taça e segura minha mão. Me puxa e me beija sem pudor. Eu seguro seu cabelo e deixo nossas línguas dançarem frenéticas. Ele vem me puxando e vamos entrando no apartamento. Tudo está apagado, mas ele parece saber por onde ir. Vamos caminhando sem desgrudar os lábios e sinto meu corpo todo tremer. Chegamos ao quarto e ele está à meia-luz. Ele me deita no meio da cama e pega a taça que ainda estava na minha mão. Ele a coloca sobre a mesa de cabeceira e liga uma caixinha de som. Ele pensou em tudo? Ele para na minha frente e eu, apoiada nos cotovelos, olho pra esse homem. Mal posso acreditar que estou na sua cama.

– Minha camisa ficou muito melhor em você, mas preciso pedi-la de volta. – Ele me olha tão provocador.

– Você quer a camisa de volta? Então vai ter que vir aqui tirar. – Eu também sei jogar.

Ele vem na minha direção e puxa uma manga, expondo meu ombro. Um beijo é depositado ali e eu estremeço. Ele sobe e devora meu pescoço mais uma vez, já entendeu o efeito que isso me causa. Me deito e ele puxa a segunda manga sem tirar os lábios da minha pele. Levanto sua camiseta e aliso suas costas. Com destreza ele abre os botões da minha camisa e descobre minha barriga. Uma leve insegurança me abala e encolho o que posso, mas, quando seus lábios me tocam a barriga, esqueço e me deixo levar. Sua língua me risca e ele aperta minha coxa. Puxo sua camiseta e ele levanta a cabeça para se desvencilhar dela. Guto volta mais afoito e me beija com calor. Suas mãos me percorrem ágeis e em segundos o resto de nossas roupas está no chão. Ele estende-se sobre mim e o sinto enrijecer. Suspiro e beijo-o com urgência. Seus dedos me desenham e ele me ocupa como se meu corpo fosse sua tela em branco. O que ele faz comigo é uma obra. Me entrego e me emposso do deleite que Guto me decreta.

Quando caio sobre ele, exausta de satisfação, repouso em seu peito e posso senti-lo ofegante como eu. Sua mão me acaricia as costas e beijo seu colo. Respiro fundo e, só então, ouço a música preencher o ambiente. Não ouvi quando ele ligou, mas gosto do efeito que causa. John Legend canta "Open Your Eyes" e a letra dessa música me faz pensar. Seria eu a "Darling" citada, ou seria ele? Não é hora de analisar nisso. John Legend nem deixa. O ritmo me envolve, o balanço o estimula e nos embrenhamos nos lençóis mais uma vez. É impossível não me deixar levar por esse homem. É oficial, estou apaixonada.

Adormecemos embolados um no outro e é bom sentir o calor de sua pele me aquecer. É bom saber que o tenho ali, tão perto, tão vivo, tão meu. Quando abro os olhos de manhã, noto que estou sozinha. O quarto é igual ao meu, mas com um armário todo desenhado e uma cama bem maior. Ainda estou despida e vejo a camisa azul jogada no chão. Visto-a e saio de fininho. Quando chego na sala, fico espantada com o que vejo. Ele não tem sofá, mas um conjunto de pufes, a TV fica apoiada em dois caixotes de madeira e o violão, na varanda. As paredes têm borrões e cores por todos os lados, até o teto tem pinceladas. Três cavaletes ocupam o lugar onde tenho a mesa de jantar e uma bagunça bonita preenche o lugar. Pincéis, tintas, caixas, telas, um avental sujo, um banco alto e uma garrafa de vinho. Levo alguns segundos para absorver a chuva de informações e não o vejo aqui. Caminho até a cozinha e lá o encontro. Ele está de costas, mexendo no fogão. Veste só uma calça de moletom e me espanto com suas costas. Como eu não vi isso ontem? Ele tem as costas fechadas com uma enorme tatuagem. Daqui posso ver o mar azul, um barco a vela, flores, Charles Chaplin, um homem num cavalo que acho ser Dom Quixote. Vejo também Salvador Dalí e me lembro de La Casa de Papel. Vejo também notas musicais, umas cores soltas e uma tela em branco. É tudo uma bagunça e as coisas parecem não combinar, mas, nas costas dele, combinam. Me apaixono mais uma vez. Encosto no batente e o observo, silenciosa. Pelo cheiro, ele está fazendo ovos mexidos, minha barriga ronca e ele olha pra trás.

– Bom dia, Juba! – Ele sorri.
– Bom dia, Guto. – Sorrio de volta.
– Aparecer vestida só com a camisa é covardia, hein? – Eu sabia que ele ia notar.
– Foi o que encontrei no chão, mas posso voltar no quarto e terminar de me vestir. – Ele desliga o fogo e vem até mim.
– Não faça isso, gosto de te ver assim. – Ele me abraça e me beija devagar.
– O que está preparando? – Vou com ele até o fogão.
– Ovo mexido. Tem também pão de forma, requeijão, frios, leite e café. – A cozinha é o lugar mais organizado dessa casa.
– Café. Preciso de café. – Não vivo sem café.
– Vou preparar um pra nós. – Esse homem existe mesmo?

Procuro meu celular para ter ideia das horas, mas não encontro. Vou até o quarto e lá vejo meu aparelho jogado no chão. É, ontem foi uma loucura. Só de lembrar da música do John Legend me estremeço toda. Quando pego o celular, vejo que são dez horas e tem duas ligações perdidas da minha chefe e uma ligação da minha mãe. Preciso voltar logo pra casa. Tenho muito trabalho hoje e, agora, tenho que retornar essas chamadas. Tem também uma mensagem da Laura. Caio no riso quando leio.

Laura
| Sem notícias até agora |
| Isso quer dizer o que eu tô pensando, né? |
| Foi roubada? |
| Devo chamar as autoridades? Ahahaha |
| Não apareça tão cedo. Não tô morrendo de curiosidade |

Volto pra cozinha. Ele colocou a mesa. Nada muito extravagante, mas tem tudo do que a gente precisa. Tomo meu café e o amargo me deixa feliz. Na verdade, acho que Guto me deixa feliz. Como os ovos e uma bisnaguinha. Ele também come e conversamos. É impressionante como as coisas estão leves. Não tem a tensão da varanda.

– Fiquei impressionada com a sua tatuagem. Encantada também.

– Eu gosto muito dela. Levei dois anos para concluir. Fiz cada um dos desenhos. – Ele parece entusiasmado.

– São tantas coisas. O que significam? – Apesar de não ter nenhuma, sempre soube que tatuagens têm significado.

– Ixi, tantas coisas. Cada elemento tem um significado diferente pra mim. É um misto de subir e descer. De me perder e me encontrar. De sucumbir e renascer. É terra e mar. Luz e sombra.

– Um conceito um pouco contraditório, não? – Confuso, até.

– É. Essa não é uma palavra bonita, mas posso dizer que é isso. Uma grande contradição. – De alguma maneira, ouvir isso faz meu peito apertar. Será que tudo nele é contraditório?

– Entendo. – Não sei o que dizer e o clima fica estranho.

– Você não gosta de tatuagem? – Por que ele achou isso?

– Gosto, sim.

– E por que nunca fez nenhuma? Eu reparei ontem e você não tem nem uma estrelinha na nuca. – Ele conseguiu reparar que não tenho nada e eu não vi as costas inteiras dele? Como pode?

– Pois é... nunca tive coragem.

– E tem vontade?

– Tenho. – Olhando pra ele, tenho vontade de tanta coisa.

– E o que tatuaria? – Ah, pergunta difícil essa.

– Ah, não sei agora. Uma estrelinha na nuca é muito clichê?
– Rimos.

— Se é o que você quer, não importa se é clichê ou não.

— Não sei o que eu tatuaria, mas um dia vou fazer uma. Não vai ser uma estrela na nuca, mas pensei numa concha. — Ele pega minha mão.

— E por que uma concha? — Ele gosta de fazer perguntas, né?

— Porque eu gosto do mar. — Que significado besta.

— Se me der a honra, posso desenhar a concha pra você. — Por essa eu não esperava.

— Se um dia eu for mesmo fazer uma tatuagem, você fará o desenho. — Ele me beija.

Dou meu último gole de café e me levanto. Preciso voltar pra casa e trabalhar. Não dá pra viver no paraíso o tempo todo, né? Ainda bem que são só alguns passos até lá.

— Eu passaria o resto do dia aqui, mas tenho que voltar pra casa e trabalhar. — Ele se levanta também.

— Queria você aqui, mas entendo. Trabalho é trabalho. Eu também tenho que trabalhar. — Vamos juntos pro quarto.

— Não quer tomar um banho? — Ele é gentil.

— Não sei se você se lembra, mas eu moro aqui do lado, vizinho. — Rimos.

— Isso não te impediu de dormir aqui. — Ele tá afiado.

— Não impediu, mas vai me impedir de trabalhar. — Ele me beija.

— Não custava eu tentar, né? — Outro beijo.

Me troco e o encontro na sala. Ele faz um desenho num papel e dobra a folha quando me vê. Vou até ele para me despedir.

— Abre a porta pra mim?

— Claro. — Ele me abraça.

Dou sete passos até a minha porta e olho pra ele, que ainda me observa.

— Hey, você ainda está com a minha camisa. — Só agora ele reparou?

– Eu sei! É que você ainda não cantou "Camisa" com propriedade. – Ele ri.

– Então esse é meu coringa. – Malandro, ele.

– Engano seu. Esse é o MEU coringa. – Malandra, eu.

Entro em casa e noto que estou sorrindo. Acho que nem dá pra tirar o sorriso do rosto hoje. Quero resolver as pendências para poder ligar com calma pra Laurex. Ela vai surtar!! Pego o celular e ligo pra minha chefe. Tenho uma auditoria pra entregar hoje. Saco, tô sem cabeça nenhuma pra analisar números. Queria passar o dia analisando a obra nas costas do Guto. Pego o notebook, faço mais café – viva o café! – e começo logo a trabalhar. A noite passada parece até um sonho. Como eu fui parar lá? Como eu tive coragem de dizer aquilo? Viva o gin! Deixei rolar. Vou até ouvir Malt de novo. "Deixa rolaaar, ah ah". Eu amo essa música. Me lembra o Guto querendo me roubar. Olha eu desconcentrando de novo. Preciso terminar isso. Entrego a auditoria no final da tarde e logo ligo pra Laurex.

– Apareceu a margarida, hein? – Ela me recepciona com ironia.

– Não deu pra te ligar ontem. Não estava em casa. – Ela faz cara de espanto.

– Ele te levou pra casa dele? Entendeu o recado, né? – Ela não sabe de nada.

– Na verdade, não. Eu que me ofereci. Ele pediu gin e eu disse que só entregava na porta. – Ela dá um grito.

– EU NÃO TÔ ACREDITANDO. Cadê minha amiga Juba? Ela jamais faria isso. – Eu dou risada também

– Gin, minha amiga. O gin me deu a coragem que faltava. – Viva o gin!

– Me conta, como foi? – Curiosa.

– Ah, fui pra lá, rolou tudo e foi incrível. Acordei e vi que ele tem as costas fechadas de tatuagem. Uma coisa maravilhosa.

Voltei depois do café porque tinha auditoria pra entregar. – Nem sei contar o que aconteceu.
 – Ainda é tatuado? Aí lascou de vez. – Laurex é como eu. Não resiste a tatuagem.
 – E eu só vi hoje cedo, acredita? – Eu ainda não me conformo.
 – Tava ocupada ontem, né?
 – Pois é... Estava muito ocupada. – Só de lembrar, me tremo.
 – E vão se ver hoje? – Laura está ansiosa.
 – Não sei. Não marcamos nada, mas vou lá na varanda mais tarde. – Queria ir até a porta.
 – Manda uma mensagem. – Ela vai ficar brava.
 – Então... Não peguei o número dele. – Ela fica brava mesmo.
 – Como não? Em que mundo vocês vivem?
 – É que somos vizinhos, não precisamos. – Eu acho...
 – Ah, não? E como vai falar com ele hoje? – Ela sempre tem razão.
 – Vou gritar da varanda. – Será?
 – Ah, que ideia ótima. Mais simples e discreto que mandar uma mensagem mesmo. – Ai, caramba.
 – Vou pedir o número dele, fica mais feliz?
 – Fico. Estamos em 2020. – Eu amo essa mulher.
 – Agora tenho que ir. Vou tomar um banho e gritar da varanda. – Rimos.
 – Vai lá e só volta amanhã. Com boas notícias e o número dele.
 Desligamos e eu preparo um gin. Já é noite e eu mereço comemorar. Tomo um banho bem gostoso, faço *skin care* e coloco uma caça jeans e uma blusinha branca. A camisa vai ficar guardada aqui. Ainda não quero usar meu coringa. Vou até a varanda e ele não está lá. A sala está apagada. Será que dormiu? Fica chato se eu gritar? Acho que não, ele já fez isso.
 – Gutooooooooooooooooooooooo. – Definitivamente, eu pareço uma louca. A sala estava apagada, mas acabou de acender.

– Oi, Juba. Que susto! – Ele não parece muito feliz.
– Acordei você? – São só 22h. Será que já estava dormindo?
– Não. Eu estava trabalhando. – Parece que o interrompi.
– Desculpa se te atrapalhei. – Tô até sem graça.
– Eu não esperava te ver hoje, mas adorei ser interrompido. – Ai, foi bom ou ruim?
– Tava pensando em tomar um gin. – Como se eu não estivesse na segunda taça.
– Tenho gin aqui, aceita? – Lá? Ai, meu Deus.
– A gente desencanou mesmo da quarentena, né? – Isso é perigoso.
– Não. Continuamos isolados, mas acho que nossos apartamentos são próximos o suficiente. Não tem perigo. – Ele sorri.
– Mas é meio arriscado, né? – Sejamos sinceros.
– Alguns riscos valem a pena. Vem! – Ele solta a bomba e entra no apartamento.

Confiro a imagem no espelho. Não tá muito bom. Dou um tapa no cabelo. Ai, esse cara me deixa nervosa. Pego o celular e vou até a porta. Respiro fundo e abro. Ele está lá. Parado na dele.

– Anda, vem cá. – Eu nem penso duas vezes e ele me recepciona com um beijo.

Ele está lindo. Todo sujo de tinta. Eu adoro vê-lo assim. Reparo na bagunça artística dele e vejo uma tela com uma linda mulher desenhada. Obviamente não sou eu e nem a modelo que vi sair daqui. Seja quem for, o trabalho dele é fantástico.

– Que bonito isso. – Preciso elogiar.
– Ainda está longe de ficar pronto. – Mas já está lindo.
– Não gosta que vejam suas obras pela metade, né? – Ele faz uma careta.
– Criam-se expectativas e eu tenho medo delas. A obra final pode decepcionar. – Lá vem ele.

– Acho difícil decepcionar. – Acho mesmo.

– Olha... Acredite. Decepções são incontroláveis. – Ele fecha a cara.

– Nem sempre. – O clima está pesando. Preciso resolver isso.

– Tive uma ideia. – Ele também percebeu.

– Já aceito. – Ai, caramba. Fui rápida demais.

– Tem certeza? Sem nem saber o que é? – Esse é o gin corajoso falando por mim.

– Tenho. Qual é a ideia? – Agora que eu falei, não posso voltar atrás.

– Pensei na gente jogar de novo o "Sem pensar" – O jogo das respostas.

– Gostei! – Ele ri.

– Mas tem um detalhe... – Ixi...

– Qual? – Fiquei tensa.

– Eu estou todo sujo e preciso de um banho. E se a gente jogasse na banheira? – Ele tem uma banheira?

– Você tem uma banheira? – Preciso pensar rápido. Como vou fazer isso? Jogar conversa fora na banheira? Não tenho autoestima pra isso, não.

– Tenho! Topa? – Ai, como negar? Tô nervosa.

– Topo, mas vai ter espuma? Eu amo espuma. – A espuma me cobre, né?

– Vai ter o que você quiser que tenha. – Esse cara não existe.

Vamos até o banheiro e vejo a banheira escondida no canto. Como eu não tinha visto antes? Acho que ontem eu estava tão atordoada que não vi muita coisa. Ele começa a encher a banheira e joga um pozinho lá dentro. Vem, espuma, você precisa me cobrir direitinho. A banheira já está quase cheia e com espuma. Ele sai pra guardar o avental e eu aproveito pra tirar a roupa correndo e entrar na espuma antes de ele voltar.

Mais seguro. Ele volta com duas taças de gin e ri quando me vê lá dentro.

– Rápida no gatilho, hein? – Me passa uma taça e apoia a outra na beirada da banheira. Nem vou me mexer, que é capaz de eu derrubar a taça dele.

Ele tira a camiseta e vejo as costas desenhadas de novo. Alguma coisa nessa tatuagem me fascina. Ele tira a calça e hesita antes de tirar a última peça íntima. Está inseguro também? Ele entra bem rápido e fico aliviada por estarmos cobertos. Ele pega a taça dele, dá um gole e começa. Estamos um de frente pro outro e apoio um dos meus pés no seu peito.

– Uma saudade na quarentena. – Começou fácil.

– Praia. Sinto saudade do mar. Eu gosto muito de praia. – Ele me ouve falar e começa a cantar.

Gosto de te ver ao sol, leãozinho
De te ver entrar no mar
Tua pele, tua luz, tua JUBA

– Cantar "Leãozinho" é covardia. – Eu sorrio descontrolada.

– Impossível não pensar nisso. Mar, Juba, Leãozinho... – Ele beija meu pé. Estamos em quarentena. Não faço o pé há 30 dias.

– Minha vez, né? Me fala uma saudade de quarentena sua. – Eu não tenho criatividade nenhuma.

– A vida social. Os amigos. – Também tenho essa saudade.

– Nem me fala. Eu morro de saudade das pessoas. Ainda não me acostumei a viver sozinha. – Ele não sabe, mas está salvando minha quarentena.

– Ainda é estranho estar separada? – Ai, não deveríamos estar falando sobre isso.

– Estou me adaptando bem. Tenho um vizinho que está ajudando muito. – Acho que consegui corrigir.
– É mesmo? Interessante saber disso. – Ele começou a massagear meu pé.
– É mesmo. Sua vez de perguntar. – Fico sem graça, melhor mudar de assunto.
– Uma palavra. – Ele ri.
– Como assim, uma palavra? Qualquer palavra? – Isso só pode ser coisa de artista.
– Isso. A primeira palavra que vem na sua cabeça. – Na minha cabeça só tem duas coisas e uma delas não posso dizer.
– Gin! – Ele ri e eu tomo mais do meu gin. Ele também.
– Eu até esperava por essa resposta. – Sou previsível?
– Me fala o que tinha no papel que você estava desenhando hoje cedo. – Peguei ele.
– Isso eu não posso dizer. – Ele dá uma apertadinha no meu pé.
– Mas o jogo diz que você tem que responder. – Aperto o pé no peito dele.
– Mas eu não posso, vai estragar tudo. Você pode se negar a responder alguma pergunta. – Ah, que saco.
– Você gosta de saber das coisas, mas fala muito pouco de você. – Vamos tirar informações.
– Falo o que é necessário. – Ele faz um olhar misterioso.
– Eu quero mais que o necessário. – Dou uma piscadinha. Ai, ai...
– O que mais você quer saber? – Ixi, nem sei o que perguntar.
– Por que você se diz tão intenso? – Ele olha pra cima.
– Porque não queria ser. Ser intenso é minha sina. – Esse parece ser um assunto delicado, mas quero saber mais.
– Não é melhor do que ser raso? – Eu acho que é.
– Ser raso deve doer menos. Machucar menos. – Ele se fechou.
– Quem foi?

— O quê? — Ele não entendeu.

— Quem foi que te machucou assim? O que foi que ela fez? — Vamos entender esse homem de uma vez por todas.

— Não foi alguém. Foi tudo. Foi a vida. — Ele se fechou ainda mais.

— Elas te abandonaram? — Por que será que abandonam um homem desse?

— Intensidade demais. — Ele mantém a massagem. Pelo menos isso.

— Assustou elas?

— Assustou. Me assusta também.

— Sua intensidade não me assustou. — Ele nem é tão intenso assim. Não entendo.

— Ainda, né? Mas vai. Ela já está me assustando. — Ele toma um gole de gin.

— Não fala assim. — Vou até ele e acaricio seu rosto.

— Tenho me controlado muito, Juba. Pode acreditar. — Ele respira fundo.

— Não precisa se controlar assim. — Volto pro meu lugar.

— Preciso. É melhor pra você e pra mim. — É... Ele está me assustando.

— Você não sabe o que é mais seguro pra mim.

— Desculpe, é que eu sei o que acontece depois.

— E o que é? Elas se assustam e fogem? — Ele sorri sem graça.

— Mais ou menos isso. — Ele aperta meu pé.

— E você não consegue ir mais devagar? Não é melhor? Com mais naturalidade, mais calma? Não dá para respirar antes? — Isso tá virando uma terapia?

— É o que eu tenho tentado, mas não é tão simples. Enfim... Vamos continuar o jogo? — Ele beija meu pé, mas está nitidamente incomodado.

— Vamos. — Não vou forçar.

— Minha vez. Por que você está aqui? — Eita, achei que ele ia fazer uma pergunta banal pra deixar as coisas mais leves. Preciso pensar bem.

— Aqui na sua casa? — Se eu exagerar, vou assustá-lo.

— É. Aqui. Na minha banheira, comigo. — Ele continua a massagem.

— Ah, não sei, porque você me convidou. — E foi mesmo.

— Verdade. Sua vez. — Acho que ele não gostou.

— Guto, eu quis estar aqui. — Ele sorri, mas não convence.

— Eu sei. Está tudo bem. — Não está.

— Está mesmo? — Não parece.

— Está, sua vez. — Ele para a massagem e coloca as duas mãos na nuca.

— Guto, o que está acontecendo? — Ele está se fechando ainda mais.

— Não está acontecendo nada, Juba. Essa é sua pergunta? Então é minha vez. — Ele dá uma risadinha forçada e eu estou muito tensa.

— Guto... — Ele me interrompe.

— Qual era sua matéria favorita na escola? — Ele coça a cabeça.

— Era matemática. Guto, o que foi? — Ele volta com as mãos pro meu pé.

— Nada. — Ele olha pro lado. O que foi que eu fiz?

— Falei algo que não devia? Te chateei? — Ele coloca as mãos na nuca de novo. Já entendi que isso é sinal de tensão.

— Você não fez nada, Juba. Está tudo bem. — Claro que não está.

— Então o que foi? — Estou ficando chata.

— Não foi nada. Acho que estou cansado, só. Trabalhei muito hoje. — Ele dá um beijo demorado no meu pé, suspira e começa a se levantar da banheira. Fui chata. Exagerei. Burra!

— Eu te atrapalhei, né? — Talvez eu tenha sido inconveniente.

— Não, não foi nada disso. — Ele sai da banheira todo cheio de espuma, se enrola numa toalha e me estende outra.

— Entendi. É melhor eu ir embora? — Pego a toalha e me enrolo.

— Eu só estou cansado. A gente se fala amanhã, tá bom? — Esse "tá bom" saiu mais leve, mas acho que não vai ter amanhã.

— Tá bom, tudo bem. Posso pedir seu número? — Talvez seja a última vez que tenho a oportunidade de pedir.

— Pode, me dá seu celular que eu anoto. — Eu estendo o celular pra ele e ele anota em segundos.

Me visto enquanto ele vai pro quarto. Foi a pergunta da intensidade que causou isso?

Chego na sala e ele está no celular tomando o resto do gin. O meu ficou no banheiro.

— Obrigada pelo gin... e pelo banho. — Não devia ter dito isso. Ele dá uma risadinha tímida, larga as coisas no balcão e coloca a mão nas minhas costas, me levando até a porta. Pega meu rosto com as duas mãos e me dá um beijo de tirar o fôlego. Por que tô com uma sensação de despedida?

— Boa noite, Guto. — Vou caminhando de costas para minha porta. Não quero tirar os olhos dele.

— Até mais, Juba. — Ele abaixa a cabeça, acena com a mão e entra sem me olhar.

Entro em casa sem entender o que aconteceu. O que eu fiz pra ele me rejeitar desse jeito? Perguntar sobre a intensidade é crime? Tentei fazer com que ele se abrisse e ele se fechou ainda mais. O problema sou eu? Insisti demais, né? Fui chata. É... Eu fui inconveniente.

Pego mais um gin pra ligar pra Laura, mas não sei se quero falar sobre isso ainda. Vai doer falar que fui rejeitada tão claramente. Preciso respirar. Vou pra varanda e lá meu peito aperta ainda mais. A sala está acesa e posso ouvir algo tocar. Ele está trabalhando?

Não estava cansado? Não tinha trabalhado demais? É... Não era isso. O problema era eu. O problema sou eu.

Se ele não me queria lá, por que chamou? É... ele não chamou. Tudo bem, eu meio que me convidei, né? Mas foi ele que propôs a banheira. Eu falei que queria tomar um gin. Foi ele que quis jogar aquele jogo idiota na banheira. Eu não falei nada. E pra que serve esse jogo, se não é pra gente se conhecer melhor? Foi ele que disse que era intenso. Só perguntei por quê. Me rejeitar daquela maneira por isso não faz sentido. Ele praticamente me mandou embora. Ah, preciso falar com a Laura, será que está acordada?

Juliana
| FOFOCA |

Vou tomar mais um gin. Que se dane. Preparo minha taça e nada de a Laura responder. Se não respondeu com o "fofoca", vou ter que apelar ainda mais.

Juliana
| TRETA |

Ah, com "treta" ela aparece, com certeza. Vou até a varanda e ainda posso ouvir uma música bem baixa sair de lá. Ele está trabalhando. Definitivamente não estava cansado. O problema era eu. Preciso distrair a cabeça. Tem um nó corroendo meu estômago e uma angústia me apertando o peito. É tão ruim me sentir assim. Será que fiz Vicente se sentir rejeitado? Não. Nosso amor já tinha morrido quando o casamento acabou. Foi consequência. Vou tentar dormir pra ver se esqueço essa noite maldita. É só um cara que não está a fim de mim.

Me levanto da cama e ainda me sinto cansada. Dormi muito mal essa noite. Acordei várias vezes e em todas lembrei da rejeição de Guto. Era para eu estar acordando na cama dele agora, mas ele preferiu que eu fosse embora. Isso não faz sentido na minha cabeça, mas deve fazer na cabeça dele, né? Ele não está interessado, Juba. Simples assim. Logo eu supero isso. Vou pra cozinha e preparo um café. Esse nunca me abandonou. Viva o café. Dou um gole e vou até a varanda. Ainda gosto desse cantinho. O dia amanhece bonito na cidade. O céu anda mais azul agora que as pessoas estão todas em isolamento. Acho que nunca vi o céu de São Paulo assim. Meu celular apita e entro correndo, torcendo pra ser Laura. Preciso conversar com ela, mas é minha mãe e não tô com cabeça pra isso agora. Mais tarde ligo pra ela. Pego mais uma caneca de café e me acomodo no sofá. Não tenho auditoria pra entregar hoje, graças a Deus. Ia confundir os números todos. Pensar que ele me dispensou tá doendo mais do que deveria. Eu não podia ter me envolvido assim. Ah, mensagem da Laura. Até que enfim.

Laura
| Fofoca e treta numa madrugada? |
| Posso ligar agora? |

Nem respondo e já vou logo ligando.
– Oi. – Que bom que ela apareceu cedo.
– Oi, Jujuba. Qual é a fofoca? Teve treta? – Ela até esfrega as mãos.
– Fui no Guto e deu tudo errado.
– Errado como? O que aconteceu? – Ela já percebeu que não tô bem.
– Resumindo... – Mas ela me interrompe.

— Nada de resumindo, quero saber exatamente o que aconteceu. — Que autoritária.

Contei tudo pra Laura e no final chorei. Falar em voz alta que ele levantou da banheira praticamente me mandando embora doeu um bocado.

— Você não fez nada de errado, pode parar com isso.

— Fiz, sim. Eu não tinha nada que mexer na ferida. Eu sabia que isso era uma questão. Quis tirar mais informação e espantei o cara. — Fiz tudo errado.

— Você só fez uma pergunta.

— Que eu não devia ter feito e depois ainda fiquei insistindo pra ele falar o que estava acontecendo. Fui invasiva. Chata. Insistente. Já tinha cortado o clima. — Era pra ter sido tudo diferente.

— Você estava na banheira jogando o jogo que ele propôs.

— Mas eu forcei, né? Na verdade, eu que forcei todas as situações. Eu que falei que ia levar o gin lá quando ele pediu. Eu que falei do gin ontem. Ele pode não estar interessado e eu coloquei ele contra a parede. Ele não me quer. — Como eu sou idiota.

— Não é verdade. Ele te beijou. Todas as vezes.

— É, mas... — Ela me interrompe.

— Não tem mas... Ele deu várias indiretas, cantou pra você, falou do beijo, ele alimentou tudo o que você está sentindo. Fez tudo para você tomar as atitudes que tomou.

— E eu não devia ter tomado. Não devia ter me envolvido. — Não devia.

— Para de se culpar, Juba. Você não fez nada de errado. Ele disse que as pessoas se assustaram e saíram da vida dele. Ou seja: Ele tem medo. — Medo?

— Medo do quê? Eu não vou sair correndo. Não sou nenhuma idiota. — Ou sou?

— Mas ele não te conhece. Ele não sabe quem você é e tudo

que você fez para mudar de vida. Ele não sabe de nada.

– Eu também não sei nada e por isso fiz a pergunta.

– Então, tá vendo? Normal. – Normal que deu errado.

– Mas ele se fechou. Como eu faço para ele não ter medo de mim?

– Ele não tem medo de você. Ele tem medo dele mesmo. Tá, ele também tem medo de você, mas é porque ele não quer se decepcionar de novo.

– Mas como ele pode saber que vou decepcioná-lo?

– Você já recuou uma vez. Ele sabe que você é recém-separada. Ele já viu que você é decidida e sabe o que quer. Existe a chance de você desistir dele e isso o assusta.

– E o que eu posso fazer para ele não ter medo de mim? – É tudo tão confuso.

– Nada. Essa é uma questão dele. O que você pode fazer é continuar sendo você. Incrivelmente maravilhosa. – Melhor amiga exagera, né?

– Não adianta ser eu se ele não me procurar mais.

– Quem disse que ele não vai mais te procurar?

– Eu tô sentindo.

– Tá sentindo tudo errado. Você tá chateada com a rejeição e eu entendo. Pegou o número dele? – Agora vou surpreendê-la.

– Peguei! – Ela bateu palminhas.

– Muito bem. Manda uma mensagem.

– Um "bom dia"? – Nossa, péssima ideia.

– Claro que não. Pensa em alguma coisa melhor. – Como se fosse simples.

– Eu não sei.

– Eu tenho que ir, ainda nem tomei meu café.

– Viva o café! – Meu mantra.

– Viva o café! – Somos muito iguais.

– Mais tarde, viva o gin! – Vou tomar meu gin, com certeza.
– Que esse gin seja dividido com seu vizinho.
– Sei não. – Não tô confiante.
– Para de colocar as coisas pra baixo, Juba. Vai ficar tudo bem!
– Vai fazer seu café. Qualquer coisa te ligo. – E ligo mesmo.
– Beijo. – Ela desliga.

Termino o café, pego o computador e tem um e-mail da minha chefe dizendo que vou entrar de férias a partir de amanhã; que, devido ao coronavírus, a demanda diminuiu e, por isso, alguns funcionários entrarão de férias. Bom, é assustador, mas é melhor do que perder o emprego. Agora vou ter tempo de sobra pra sofrer. Vou até a cozinha pegar mais café e pensar no que vou mandar pra ele. Podia ser uma música ou a foto da camisa dele que ainda está comigo. Não, tem que ser mais neutro.

Juliana
| Descansou? |

Credo. Que mensagem horrível, mas agora já foi. Tem até certa ironia, já que cansaço não era a questão ontem. Coloco o celular no sofá e fico pensando no que vou fazer para ocupar meus dias agora que estou de férias. Cursos online? Exercícios em casa? Será que ele vai responder? Posso ler uns livros, essa é uma boa ideia. Ai, respondeu.

Augusto
| DESENHO |

Ele mandou a foto do desenho de uma concha. Mas é tão rica em detalhes, o talento dele é impressionante. Será que era esse o desenho do papel que ele não quis mostrar? Essa concha é só porque eu disse que gostava ou a concha é ele, que se fechou ontem?

> Juliana
> | Esse era o desenho secreto? |

> Augusto
> | Gostou? |

> Juliana
> | Linda |

> Augusto
> | Linda. Ela também é linda |

Olha aí. Também o quê? Ele tá falando de mim? Esse cara me confunde.

> Juliana
> | É... Parabéns! |

> Augusto
> | Obrigada, Juba |

> Juliana
> | Não precisa agradecer. É sincero |

Já tem 30 minutos que eu respondi e ele sumiu. Que loucura. Mandou desenho, chamou de linda e sumiu? O que eu deveria ter mandado? Ah, ele não está interessado. Talvez me queira só como amiga mesmo. Que se dane. Cansei. Vou ler um livro. Na estante encontro "Confesse", da Colleen Hoover. Esse eu ainda não li e eu amo essa autora. Me acomodo bem confortável e começo minha leitura. Auburn se apaixona por Owen, um artista plástico. Desculpe, Colleen, não vai dar pra ler esse agora. Pego outro. "9 de novembro", da mesma autora. Pronto. Esse dá pra ler. Fallon e Ben são bem diferentes de Juba e Guto. Mais seguro. A leitura vai fluindo e vou relaxando. Olho pro celular algumas vezes e nem sinal do vizinho. Estou enlouquecendo. Quando me dou conta, já está anoitecendo e não comi nada. Vou até a geladeira e vejo que tenho frios e pão de forma. Vou fazer pizza de pão. Coloco as fatias de pão lambuzadas de manteiga na assadeira, uma fatia de presunto e outra de queijo em cada uma. Em 15 minutos terei meu jantar nada saudável. Depois de comer, vejo que Guto mandou mensagem.

Augusto
| Fui na varanda e lembrei de você |

Juliana
| Eu também |

Augusto
| Acho que nossas varandas nunca mais serão as mesmas |

Juliana
| Não serão |

Augusto
| Boa noite |

Ah, tá de sacanagem, né? Nem vou responder. Lembrou de mim e já manda um "boa noite"? Ele não está interessado MESMO.

Eu era só boa companhia. Como eu vou esquecer esse homem se ele fica aparecendo de pouquinho e depois some? Acho que vou ter que cortar.

Tomo meu banho, faço o *skin care*, que é realizado só com esfoliante e hidratante. Posso pesquisar como fazer isso direito, né? Mas amanhã. Hoje vou continuar lendo e vou dormir cedo. Os personagens se encontram uma vez ao ano e já dá um monte de merda. Imagina ser vizinho durante o isolamento? Tá tudo explicado.

Acordo e me sinto bem. Dormi melhor essa noite. Confiro o celular e não tem mensagem do Guto. Vou pra cozinha preparar meu café e atualizo Laura das mensagens que troquei com ele. Ela diz que eu não errei e que ele está confuso. Confusa estou eu. Acho que ele esperava mais, mas não sei como agir. Não sei o que posso dizer pra deixá-lo mais seguro ou o que vai fazer com que sinta medo. Tomo meu café na varanda e não resisto em espiar. Não consigo ver dentro do apartamento, mas tenho lembranças tão bonitas desse pequeno espaço. Chega a dar uma saudade tão grande. Como a gente pode sentir saudade de uma coisa tão passageira? Volto pra dentro e tem mensagem dele. Meu coração dispara de novo. Tava pensando no bendito e ele dá sinal? Será que me viu na varanda?

Augusto
| Ouvi uma música que também me fez pensar em você |

"Também", "Também"... Tudo tem esse "também" que me confunde. O que ele quer dizer? Que outras coisas o fizeram pensar em mim?

Juliana
| Qual? |

Augusto
| Posso tentar te mostrar depois |

Se não pode me mostrar agora, por que vem falar isso? Por que tanto morde e assopra?

Juliana
| Sou uma pessoa curiosa |

Augusto
| Tô tirando ela no violão |

Juliana
| Quando terminar, me avisa? |

Augusto
| Se eu conseguir, te aviso |

Se? Ah, eu, definitivamente, não entendo esse homem. Vou ligar pra Laura. Ela vai ter que decifrar esse homem pra mim.
— Oi, Laurex. Que bom que me atendeu. — Tô ansiosa.
— O que aconteceu?
— Olha os prints. Tô perdida. — Ela olha tudo.
— Ele tá com saudade de você, mas não sabe como agir. — Ela fala como se fosse simples.
— Quem não sabe como agir sou eu. Acho que ele não está interessado. Se tivesse, saberia o que fazer. Ele mostrou desenho e sumiu. Falou que lembrou de mim e sumiu. Agora fala que pensou em mim com uma música, mas não sabe se vai conseguir me mostrar? O que é isso? Ele avança e recua. Avança e recua. Não consigo entender.

— Calma, Jujuba. Ele está confuso. Ele quer você, mas tem medo. Você está muito ansiosa. Tô achando que a intensa dessa história é você. – Sou mesmo.

— Mas eu sempre disse que era. É uma pena que ele tenha se afastado assim. Tô achando que ele não tá interessado e só. Que eu fui só uma aventura de quarentena. Ele não tá a fim.

— Pode ser? Pode, mas eu não acredito nisso. Ele não fala só amenidades. Ele fala de coisas que têm a ver com vocês. – Não sei.

— Eu queria ter a oportunidade de conhecer ele mais profundamente, sabe? Eu acho que a gente podia se dar tão bem. Queria ter a oportunidade de me mostrar pra ele também. Só queria que ele nos desse essa oportunidade. – Mas ele não dá.

— Eu também queria que vocês tivessem essa oportunidade. Como eu disse, continua sendo você mesma e deixa ele no tempo dele. – É fácil falar de fora, né?

— E até lá eu faço o quê? Enlouqueço? – É isso que ele está fazendo comigo. Me enlouquecendo.

— Assiste um filme. Ocupa a cabeça com outra coisa que não seja ele. Me indicaram *Simplesmente acontece*, já viu? – Será que consigo esquecê-lo?

— Não. Boa ideia. Vou fazer uma pipoca e ver esse filme.

Vejo o filme e morro de chorar. Que amor lindo desses dois. Tantos percalços, tantos desencontros, tantos obstáculos, e o amor resistiu a tudo. Só em filme mesmo. Eu só consegui me iludir com um cara que tem medo. Por que ele fez isso? Por que ficou comigo? Por que fala que lembra de mim? Se ele não me quer, que me deixe.

Vejo o fim da tarde da varanda e, de novo, só penso nele. Na verdade, eu reclamo, mas penso nele o dia todo. Na leitura, no filme, no banho, nos sonhos. Não consigo tirar Guto da cabeça. Meu celular apita e é ele. Coração na mão.

Augusto
| Essa é a música que tirei pra cantar pra você |
| Chama "Me deixa te esquecer" e é do Daniel Cecci |
| Boa noite, Leãozinho |

"Me deixa te esquecer?" É isso que ele quer? Antes mesmo de ouvir, minhas lágrimas rolam. É o fim.

Augusto
| ÁUDIO |

Dou o play e o ouço tocar e cantar pra mim. Provavelmente, pela última vez.

Quero acreditar em nós, de novo
A saudade dói demais
O tempo todo
Me deixa te esquecer
Me deixa ser só
Ou volta de uma vez
E faz do laço um nó

Chorei antes mesmo de dar o play e, conforme a música tocava, minhas lágrimas rolavam ainda mais. "A saudade dói demais"... É, Guto, a saudade dói mesmo. Dói mais do que deveria, mais do que eu queria. "Me deixa te esquecer. Me deixa ser só ou volta de uma vez e faz do laço um nó". Ele não sabe se quer ser sozinho ou se quer criar laços comigo? Essa dúvida dele me machuca de um jeito que ele nem imagina. Eu estava em paz. Me adaptando a minha nova vida separada. Cuidando dos meus dias sozinha nesse apartamento. E ele chegou bagunçando tudo. Bagunçou meu peito e fugiu, recuou, deu dez passos para trás. Pra quê? Por quê? Ele tem medo, eu sei, mas brincar comigo assim não me parece justo. Olho pra varanda e vejo que chove lá fora. Chove aqui dentro também. É tão ridículo chorar por um cara com quem eu fiquei duas vezes e que nem sabe se me quer. É tão triste pensar que eu estou me sentindo mal por alguém que não valoriza o que eu sou ou o que poderíamos viver juntos... Dói. Dói mesmo pensar que eu criei a ilusão de que ele poderia mesmo estar interessado em mim. Choro. O choro tem seu valor. E não é pelo Guto. É por mim. É por perder a oportunidade de conhecer melhor alguém com quem eu me dei tão bem. É por ver que o medo é maior que a vontade e que nem tudo na vida acontece para dar certo. Talvez ele só tenha aparecido pra me mostrar que eu ainda posso gostar de alguém. Que eu ainda sou capaz de me apaixonar. O céu chora na varanda e é uma grande ironia do destino isso acontecer depois de ele cantar suas dúvidas. É o fim. É o fim? Preciso de ajuda: Laura.

– Juba, a dúvida é dele e com essa música ele colocou você pra decidir. Não é você quem tem que decidir nada. É ele. Ou ele te deixa sozinha ou ele faz o laço. Ele não pode jogar essa responsabilidade nas suas costas. – Laura não gostou do que ele fez, mas amou a música.

– E se a dúvida dele passar? – Perguntar isso pra Laura vai me esclarecer as coisas.

– Juba, a dúvida é dele e um dia ele vai entender. Mas pode ser que não seja positivo pra você. – Ele está escolhendo muito as palavras.

– Pode falar, Laura. Ele pode perceber que eu fui só uma aventura de quarentena, né? – Quero a verdade.

– Pode. Pode ser isso, sim. E também pode ser que ele perceba que você é uma mulher incrível. O que NÃO pode é você ficar aí chorando. Eu acredito mesmo que ele gosta de você, mas tá confuso e precisa do tempo dele. Ele não sabe o que fazer, não sabe o que está sentindo. Ele está perdido. A partir de agora você não vai fazer mais nada, ok? Vai aproveitar que está de férias e vai maratonar séries, ver filmes e se entupir de comida. – Ela não entende.

– Eu vou fazer tudo isso, Laurex. O problema é que vou continuar pensando nele. Nas cenas de filmes, nos livros, na varanda, nas músicas. Vou me cercar de arte e ele é o artista. Entende? – É difícil pra mim.

– Entendo. Depois do áudio, você mandou alguma coisa? – Eu só chorei.

– Não. Não mandei nada. Não sabia o que dizer. Quis dizer que eu faria o nó, mas também quis mandar ele praquele lugar. Senti saudade, amor, raiva, medo, tudo junto. Ele me enlouquece. – Ainda estou sentindo tudo isso.

– E vai mandar?

– Eu não queria deixar sem resposta. Primeiro porque não acho legal ignorar alguém assim e também porque ele, do jeito dele, tentou falar comigo e eu quero poder falar com ele. Ainda não sei o que fazer. Me ajuda? – Volto a chorar.

– Jujuba, concordo que não é legal deixar ele sem resposta, mas tudo tem seu tempo. Ele tem o tempo dele e você precisa do seu. Você ainda está nervosa, muito mexida com tudo isso e qualquer coisa que disser agora pode ser mal interpretada. Sente tudo que precisa sentir. Pensa no que você quer e em como vai lidar com isso e só depois responde. Ele pode esperar. – Ela tem razão. Choro ainda mais.

– Hey, o que você tem? Esse chororô todo está me parecendo demais, não?

– E você e Thomaz? Como estão? – Vamos mudar de assunto.

– Ah, com a quarentena tudo fica mais difícil, né? A gente se fala o tempo todo, mas ele é orgulhoso demais pra admitir que

sente minha falta. Eu sou orgulhosa demais pra assumir que tô morrendo de saudade. A gente tá fingindo que está tudo normal.
– Eu rio de novo.

– É bom saber que eu não sou a única com história complicada aqui. Vocês se amam e são orgulhosos demais pra admitir. Quem me dera Guto me amasse assim. Vocês são dois idiotas. Sabem o que querem e não ficam juntos. – Choro pensando no quanto eu queria estar vivendo um amor com essa certeza deles.

– Juba, não existe história de amor fácil e simples. Todas são complicadas, doem e confundem a gente. Se fosse fácil, que graça teria? – O gin está fazendo efeito nela. Já está filosofando.

– Toma mais uma taça comigo? Preciso de plateia pra chorar mais um pouquinho. – Rimos e enchemos nossas taças.

– Ainda bem que a internet e as chamadas de vídeo existem, né? Imagina ficar em isolamento sem nada? Acho que a humanidade ia enlouquecer de verdade. – Tá filosofando mesmo.

– Nossa. Eu já estaria batendo pino, com certeza. Nunca morei sozinha e estar presa sem poder me comunicar com ninguém ia ser horrível. Vai, coloca uma música aí, vamos aproveitar que temos a tecnologia a nosso favor. – Preciso me animar um pouco.

Apoiamos nossos celulares e dançamos feito doidas ao som de Spice Girls e Back Street Boys. É bom relembrar a adolescência, né? Me senti como Meredith Grey e Cristina Yang. Viva o gin! Viva as amizades verdadeiras! Viva a música! Num passo mais ousado, deixei a taça de gin cair... e quebrar.

– Ah, Juba. Daqui a pouco você não tem mais taças. Amo esse seu jeito estabanado. – Ela ri.

– Nossa, só me resta uma taça. Todas as outras eu já quebrei e me recuso a tomar gin em copo normal. Vou comprar mais taças pra garantir. – Pego a última taça restante e encho de gin, tônica e limão.

– Deixa eu te mostrar a música que está salvando minha quarentena? – Ela pega a caixinha dela.
– Você tem uma música especifica pra isso? – Acho que não entendi.
– Tenho. Toda vez que fico angustiada com o isolamento, com a saudade do Thomaz, com medo do que virá, essas coisas... Escuto essa música. – Acho que é disso que eu estou precisando.
– De quem é? Já quero saber, já quero ouvir mil vezes, já quero colocar na playlist. – Amo músicas que salvam.
– Chama "Tem" e é do Márcio Lugó. Tenho certeza que você vai amar. Presta atenção na letra. – Ela dá o play e, obviamente, eu começo a chorar de novo.

Tem dia que vai demorar
Semana que não vi passar
Tem meses que nem trinta tem
É fato que o exato não convém
Tem hora que não vem ninguém
E mesmo assim tá tudo bem

Eu não sabia que precisava tanto dessa música. Que precisava tanto dessas palavras. "Tem hora que não vem ninguém. Tem dia de perder também." Acho que esse dia chegou e, como diz a música, "mesmo assim, tá tudo bem". Bem não está, mas vai ficar. O choro não é mais contido e eu e Laurex choramos juntas diante da tela do celular, ouvindo a música quatro vezes.

CAPÍTULO 6

*Quem desautoriza seus sonhos?
Seus medos?*

Monika Jordão

Durmo mais leve depois de conversar com Laurex e ouvir a música do Lugó. Levanto tarde, já é quase meio-dia, mas de férias eu posso, né? Preparo meu café. Viva o café! Vou tomar na varanda, sei que vai doer um pouquinho, mas a gente gosta de sofrer também. Sento na minha poltrona e não consigo evitar que Guto invada meus pensamentos. Olho pra varanda dele e o imagino ali, tomando seu café e sorrindo pra mim. Tudo podia ser mais fácil, mas não é. Preciso esquecer esse homem, só não sei como fazer isso. TPM, vou esperar a bendita passar. Faço compras pelo aplicativo. Chocolate, leite condensado, hambúrguer, pão de alho, pipoca, café, gin e um conjunto de taças. Uma hora depois, o interfone toca.

— Boa tarde, Seu João, minhas compras chegaram? — Estou animada com as guloseimas.

— Chegaram sim, minha filha. Pode descer para pegar.

Chego no térreo e Seu João me espera com as sacolas. Ele continua abatido e acho um absurdo ele estar fazendo turnos dobrados.

— Seu João, não é justo o senhor estar trabalhando dessa maneira. Eu vou falar com a síndica. Ela precisa contratar alguém para cobrir o outro turno. O senhor precisa descansar. — Ele está mais abatido do que nunca.

— Não se preocupe comigo, minha filha. Esse dinheiro é importante pra mim. Minha esposa está sem trabalho no momento e tenho dois rebentos para alimentar, né? É cansativo, mas vale a pena. – Nem posso imaginar como tudo isso deve ser difícil para ele e sua família.

– Mas, Seu João, sua saúde é importante. Desse jeito o senhor vai ficar doente. – Estou preocupada com ele. Gosto tanto do Seu João.

– Eu sou forte. Nada vai me acontecer. – Não vou falar com a síndica, ele pode mesmo estar precisando desse dinheiro.

Passo o resto do dia comendo e assistindo série. Santa Netflix. Consegui distrair a cabeça um pouco, mas confesso que pensei no Guto em vários momentos. É difícil apagar alguém assim, né? Engraçado que não penso no Vicente, com quem dividi uma vida, mas penso no vizinho com quem fiquei duas vezes. O coração é um bicho doido mesmo.

Hoje acordei mais cedo. Já tem três dias que Guto me mandou aquela música contraditória. Bom, ele é uma contradição, né? Toda aquela tatuagem já diz isso. Nossa, só de lembrar daquelas costas eu me tremo inteira. A TPM passou, mas ele ainda é o dono dos meus pensamentos. Não fez movimento algum. Não mandou mais mensagem e nem apareceu mais na varanda. Deve estar evitando. Ele precisa do tempo dele e eu vou respeitar, mas três dias sem uma resposta minha é sacanagem. Já pensei em todas as respostas possíveis, mas não consegui encontrar a ideal. Talvez o ideal nem exista, né? Laura acha que não devo mandar nada, mas eu não sou assim. Vou lhe responder. Hoje. Não gostaria de ser ignorada assim e não farei isso com ele. Empatia que chama, né?

Vou mandar uma música como resposta. Ele mandou música, vai receber música. Lógico que eu não sei cantar, então só vou mandar o link. Passo o dia procurando a música certa e encontro. "Origami", do Gon. A música é linda, a mensagem é linda e assim posso mostrar pra ele como venho me sentindo também. Coragem, Juba. Coragem.

Que todas as dobras me levavam a você
Retomei o ar
Respirar já é mais fácil, só que melhor
Você dobrou meu coração
Já deixou uma marca, uma linha, um vão
Que existe só pra te caber
A vida é origami para entender tem que esperar
Chegar até o final

Ele é mesmo um furacão de intensidade e eu só quero pegar essa carona. Me dobraria em avião pra estar perto dele, mas, como diz a música, "A vida é origami. Para entender tem que esperar chegar até o final." Acho que ele vai entender que respeito o tempo dele.

Coragem, Juba. Manda logo.

Juliana
| Pensei muito antes de te responder e acho que essa música fala por mim |
| LINK DA MÚSICA |

Ah, meu coração está disparado. Dois tiques azuis. Ele já viu, mas ainda não respondeu nada. Lágrimas brotam e não consigo contê-las. Eu tinha esperanças de que ele baixasse a guarda. De que ele me procurasse, respondesse, batesse na minha porta, mas acho que é mesmo o fim. Enxugo as lágrimas teimosas quando o interfone toca.

– Oi, Seu João.
– Minha filha, tem uma encomenda pra você na varanda. – Oi?
– Não entendi, Seu João. – Não é possível.

— É isso, minha filha. Tem uma encomenda para você na sua varanda. Anda, vai lá. Boa noite! – O Guto enlouqueceu?

Chego na varanda e tem um caixinha no chão. Ele arremessou da varanda dele pra minha. Sento no chão mesmo e abro. Lá dentro encontro um origami de avião e um saco de jujubas. É impossível não rir. Esse homem não existe. Olho pra varanda e o encontro ali. Parado na porta, no escuro, me observando.

— Isso é covardia sua. – Digo sinceramente. Envolveu Seu João, me deu jujubas e o avião de origami. Ele me confunde.

— É só um presente.

— Isso quer dizer que posso pegar carona no furacão Guto? Ai, ele não podia ter sido mais claro? Tive uma ideia.

— Espera aqui que também tenho um presente pra você.

Corro pro quarto e pego a camisa dele que ainda está comigo. Volto pra varanda com a camisa nas mãos e ele parece decepcionado. Deve estar achando que vou devolver para colocar um ponto final, mas está muito enganado. Se ele não sabe ser claro, eu sei.

Enquanto olho pra ele, começo a enrolar a camisa, faço nela um nó e arremesso pra ele, torcendo pra não errar a mira e jogar varanda abaixo. Ele pega a camisa com nó no ar e me olha sem entender.

— Fiz um nó. "Me deixa te esquecer, me deixa ser só, ou volta de uma vez e faz do laço um nó." – Canto pra ele. Nem sei como eu tive coragem.

Ele me encara com um sorriso lindo e responde cantando "Origami".

— "Respirar já é mais fácil, só que melhor. Você dobrou meu coração, já deixou uma marca, uma linha, um vão, que existe só pra te caber".

Eu nunca achei que eu fizesse muito sentido. Minha vida nunca fez. Minhas escolhas foram todas pautadas na preferência dos outros. Meus pais, Vicente... Acho que só a Laura me entende e nem pra ela eu faço muito sentido. Ouvir Guto dizer essas palavras tem uma importância que ele nem deve imaginar.

Adormeço leve em seu peito, mas acordo espalhada na cama. Acho que apaguei mesmo. Quando abro os olhos, o encontro acordado, olhando pra mim. A cena poderia ser bonita, mas o rosto dele não sorri. Seus olhos não brilham. Ele não está zelando meu sono. Ele parece bem assustado. Será que está arrependido? Será que eu não faço mais sentido? Que cara é essa?

– Bom dia! – Quebro o silêncio e seu rosto se suaviza.

– Bom dia, Juba! – Ele me dá um beijo na testa.

– Dormiu bem? – Ainda não sei se está tudo bem.

– Dormi, e você? – Ele se aninha em mim.

– Capotei. Dormi feito uma pedra.

– Café? – Ele já me conhece.

– Café sempre. – Sempre.

Coloco a camisa, agora verdinha, e seguimos para a cozinha. Ele prepara um bule de café e serve pães e frios.

– Viva o café! – Ele ri, mas repete:

– Viva o café!

Para um homem solteiro, ele é bem organizado. A geladeira até tem comida, além de muita cerveja. Ainda bem que ele bebe.

– A cerveja nunca falta, né?

– O gin falta? – Nem posso negar.

– Nunquinha. – Dou de ombros.

– A cerveja também não. – Ele dá de ombros.

– Ainda bem que não faltam. – Tomo mais um gole do meu café.

– Tem muito trabalho hoje? – Ainda bem que não.

– Na verdade, entrei de férias. – Será que ele quer que eu vá embora? Será que estou incomodando?

— E qual é a programação do dia? — Ele dá uma mordida no pão e isso impede que eu entenda sua intenção.
— Não tenho programação alguma. Férias, né?
— Então eu acho que você devia ficar aqui e pintar comigo. — Ele tá falando sério?
— Você é artista plástico e eu mal sei desenhar um boneco de neve. — Rimos.
— Mas eu posso te ensinar. — Ele levanta e me beija.
— Aula de artes na minha idade? — Vou passar vergonha.
— Nunca é tarde, Juba. Vem! — Ele me puxa e vamos pra sala, que, na casa dele, é o ateliê.

Ele vai até o outro quarto, abre a porta, entra, fecha a porta e, em seguida, abre novamente, saindo com uma tela em branco, mas fecha de novo. O que tem lá dentro que precisa ficar tão fechado? Uma pulga pousa atrás da minha orelha.

Ele está só com uma calça de moletom, mas veste um avental todo manchado por cima do peito. Estar com ele ali, depois da noite de ontem, me dá até calafrios. Prendo o cabelo num coque e tento espantar os pensamentos. Tela no cavalete, tintas, pincéis e vamos começar.

— Escolhe um pincel e uma cor. — Escolho um pincel que me parece normal e a cor verde.
— Esse está bom? — Estou em dúvida quanto ao pincel.
— Qualquer coisa que você escolher está bom. Agora molha o pincel na tinta. — Eu encosto o pincel na tinta, mas ele não parece satisfeito.
— Não precisa economizar, faz assim. — Ele vem por trás de mim, pega minha mão e lambuza o pincel no verde da paleta. Respiro fundo e ganho um beijo na nuca.
— Assim? — Meu corpo todo está arrepiado e ele percebeu.
— Isso, assim mesmo. Agora você pinta a tela. Como você

quiser. Com o movimento que quiser. – Se ele soubesse o movimento que eu quero.

Estico o braço e faço um risco vertical na tela. Ele não fica reto demais e me envergonho. Saiu meio torto e eu tremi, então ficou esquisito. Seu queixo está apoiado no meu ombro e ele observa como se estivesse diante do Picasso.

– Ficou horrível, eu não sei fazer isso. – Coloco o pincel num pote e ele me abraça, ainda às minhas costas.

– Horrível por quê? – Ele pega o pincel e o devolve para a minha mão.

– Está todo torto. Não está uma linha reta. – Ele me beija o pescoço. Assim não vou conseguir pintar nada mesmo.

– E quem disse que tinha que ser reta? – Ele molha meu pincel na tinta verde de novo.

– Minha cabeça disse, mas minhas mãos não têm coordenação motora. – Rimos. Ele pega o pincel e desenha uma nova linha. Também não está reta, mas está melhor que a minha.

– Veja, a minha também ficou torta.

– Mas está infinitamente melhor. – Eu não levo jeito pra isso.

– Juba, olha para essas duas linhas. Elas são imperfeitas, sim. Tortas, cada uma a seu modo, mas são lindas. Elas estão uma do lado da outra. Dão cor a um espaço em branco, vazio. – Ele ainda está falando das linhas?

– Tive uma ideia para deixá-las ainda mais bonitas. – Pego o pincel da sua mão, molho na tinta de novo e faço uma nova linha, unindo as duas primeiras. Temos um "H" verde enorme na tela.

– Agora estão perfeitas. – Ele me beija o pescoço de novo e se demora. Suspiro.

Suas mãos entram na minha camisa e é impossível resistir. Deixo o pincel no pote para não sujar mais nada e jogo os braços por cima da cabeça, agarrando seus cabelos. Me viro e lhe dou um beijo molhado. Ele desamarra o avental e se desvencilha da calça com destreza. Vamos ao chão em segundos e nos amamos como na noite anterior.

– É isso que eu chamo de obra de arte.
– Esse enorme "H" verde? – Ele não pode estar falando sério.
– Não, Juba. Estou falando de você. – Ai, caramba.
– Agora fiquei sem graça. – Ruborizo e ele me abraça.
– Graça você tem de sobra. – Rio.
– Nossa, nessa você se superou. – Ele ri também.
– Foi péssima, né? – Ele me beija.
– Foi e, falando em péssima, eu preciso de um banho com urgência. – Estou desde ontem sem banho. Socorro.
– Claro. Vou pegar uma toalha pra você. – Ele me ajuda a levantar.

Olho mais uma vez pro "H" verde e fico feliz. Tomo um banho e ouço música vinda da sala. Visto uma camiseta que ele me emprestou e minha calça. Olho o celular e tem mensagens ansiosas da Laurex.

Laura
| Tudo bem? |
| Ele apareceu? |
| Onde você está? |
| Me dá sinal de vida |

Sacanagem. Eu sumi e deixei Laurex preocupada.

Juliana
| Sinal de vida hahaha |
| Estou no vizinho. Falamos depois |

Essa conversa precisa acontecer por chamada de vídeo e agora não dá. Chego na sala e o encontro arrumando a bagunça. Uma música animada sai da caixinha e ele dança. Meio desengonçado, mas tão lindo. A música acaba e eu o aplaudo. Ele ri e vem na minha direção. Quando está quase nos meus braços, uma nova música começa a tocar e sua fisionomia muda. Ele para e pega o celular no bolso da calça.

– Deixa eu trocar essa música. – No começo da música, dá pra ouvir que fala de medo.

– Não troca. É tão bonita. – Eu quero ouvir.

– É linda, mas não para esse momento. – Eu vou até ele e o abraço.

– Ela é perfeita para esse momento. Deixa ela tocar. – Ele para, me olha, me beija a cabeça e coloca a música de novo. Dançamos abraçados.

Pois foi voando de flor em flor,
Feito beija-flor
Até se apaixonar
E pouco a pouco foi perdendo o medo
De se ver do avesso
Por saber amar
Voa mais que eu
Seu beija-flor sou eu
Além de nós um eu
Pra que eu seja todo seu

A música termina e continuamos dançando em silêncio. Que medo é esse que ele tem de se apaixonar? O que foi que fizeram com ele?

– Tudo bem? – Preciso saber.

– Tudo bem. – Ele responde e respira fundo.
– A música é linda. – O abraço de novo.
– É do Jota.pê e chama "Beija-Flor". É uma das minhas músicas favoritas.
– Ela fala de você? – Não sei se eu deveria ter perguntado isso.
– Fala. Assim como "Intenso". – Ele se define tanto com as músicas.
– Me deixa ser sua flor? – Ele aperta o abraço. Não posso ver seu rosto, mas sinto que ele sorri.
– Você já é. Estou com fome, o que vamos pedir? Pizza? Hambúrguer? – Nossa, nem me dei conta da hora. Já está escurecendo.
– Pizza. Eu amo pizza. Quatro queijos. – Ele me beija e faz o pedido pelo celular.
– Perfeito!

Quando a pizza chega, eu atendo o interfone. Nem me dou conta de que não estou na minha casa.

– Oi, Seu João. – Ele fica em silêncio.
– Ai, minha filha. Liguei no apartamento errado. Me desculpe! – Antes que eu o corrija, ele desliga e eu caio na risada.
– O que aconteceu? – Guto não entende.
– Atendi seu interfone e Seu João achou que tinha ligado no apartamento errado e desligou. – Ele ri também e o interfone toca de novo.
– Deixa que eu atendo. Não vamos bagunçar a cabeça do Seu João. – Guto atende e agradece.
– Vou lá embaixo pegar a pizza.
– Veja se Seu João está bem? Ando preocupada com ele. – Ando mesmo.
– Eu também. Ele está trabalhando demais. – Fico feliz em saber que Guto também se preocupa.
– Eu queria falar com a síndica.

– Eu já falei. Ela está procurando alguém para cobrir Seu João.
– Fico um pouco aliviada.
– E a família dele? Ele disse que a esposa está desempregada.
– Não quero que nada aconteça com ele.
– Vão resolver isso também. – Ele me beija e sai.

Comemos na sala, nos pufes, com as mãos e cerveja/gin. Lógico que eu derrubei queijo no chão e sujei a roupa, mas pelo menos ele se divertiu. Quando a caixa já estava vazia, ficamos alguns segundos em silêncio.

– Filme? – Ele sugere enquanto toma mais uma cerveja.
– Topo!
– Está frio, né? Vou pegar um cobertor pra nós. – Ele se levanta e vai até o quarto fechado.

Faz a mesma coisa de antes. Abre, entra, fecha, abre, sai com o cobertor e fecha. Isso é tão estranho.

– O que tem lá dentro? – Pergunto com o tom de voz mais leve que consigo, mas ele fica sério.

– Nada demais. É só o quarto da bagunça. O que vamos ver? – Será mesmo que ele só está me escondendo a bagunça?

– Não sei.
– Terror! – Eita!
– Terror? Acho que tenho medo. – Tenho mesmo.
– A ideia é essa. Assim você não vai embora com medo de dormir sozinha. – Ele espreme os olhos.
– E quem disse que eu quero dormir sozinha? – Dou uma piscadinha.
– Perfeito, então. *Atividade Paranormal*, já viu? – Vamos mesmo ver um filme de terror.
– Não vi.

Nos sentamos nos pufes e, enquanto ele coloca o filme, meu celular toca. Pego correndo e vejo que é minha mãe. Não retornei pra ela, droga! Não dá pra atender agora. O filme está para começar quando minha mãe liga mais uma vez. Não atendo, mas me preocupo. E se tiver acontecido alguma coisa? E se alguém na família estiver doente? Não posso fazer isso. Na terceira tentativa seguida, preciso atender. Olho pra ele e faço sinal de silêncio com um dedo na boca.

– Oi, mãe. – Meu coração está disparado.

– Juba, estou há dias tentando falar com você. – Ela parece aflita.

– Ah, mãe. Essa quarentena bagunçou meus horários. Está tudo bem com você? Com o papai? – É só isso que eu preciso saber.

– Está tudo bem aqui, mas quero saber como você está. – Pelo menos eles estão bem.

– Estou bem, mãe. Em segurança. – Preciso tranquilizá-la.

– Tem máscara? Álcool em gel? Está se cuidando? – Pronto. Começou a enxurrada de perguntas.

– Sim. Está tudo sob controle, mãe. – Ela não pode saber.

– Você está sozinha, eu me preocupo. Se soubesse que ia ter essa tal de pandemia, não teria se separado do Vicente. – Ai, não! Não é hora de falar disso.

– Mãe, uma coisa não tem nada a ver com a outra. – Preciso dar um jeito de encerrar essa conversa.

– Mas pelo menos ele estaria aí com você. Cuidando de você. – Socorro.

– Mãe, eu sei me cuidar. Não preciso de ninguém, não. Fica tranquila. – Guto me olha, deve ter percebido.

– Eu sei que você sabe, Juba, mas eu sou mãe. Quando você tiver seus filhos, vai entender. – Ai, que papo clichê.

– Tudo bem, mãe. Fica tranquila. Agora eu vou dormir, estou cansada. – Preciso acabar com isso.

– Sua Tia Vera ligou. Parece que o vizinho da casa de trás está com covid-19. Olha só que perigo. – Ai, não. Agora quer fazer as fofocas da família. Me levanto do pufe.

— Que horror, né? Mãe, eu já estou deitada na cama, podemos falar mais amanhã? — Não posso continuar com isso.

— Você nunca foi de dormir cedo... O que está acontecendo, Juba? Está passando bem? — Socorro. Como eu saio disso? Guto, comendo a pipoca, me observa.

— Estou bem, mãe. Só deitei pra dormir mais cedo. — Estou falando rápido demais. Ela vai perceber.

— Está com falta de ar? Tosse? — Pronto! Virou médica e quer me examinar bem agora.

— Mãezinha, está tudo bem. Não tenho sintoma algum. — Eu preciso acalmá-la, falo bem devagar.

— Tem certeza? — Parece que mãe sabe mesmo quando estamos escondendo algo.

— Tenho. Está tudo bem. — Ando mais um pouco e derrubo uma lata. O barulho chega aos ouvidos da minha mãe.

— O que foi isso, Juliana? Não estava na cama? — Aí, caramba. Guto vem na minha direção e tira as latas do caminho.

— Levantei pra pegar uma água e esbarrei em alguma coisa no escuro, mãe. — Ela bufa do outro lado da linha.

— Juliana, eu te conheço. — Ela tá desconfiada. Guto segura minha mão e me acalma.

— Mãe, eu sou desastrada, você sabe. — Ainda bem que sabe.

— Você está com pressa pra desligar, por quê? Não quer falar comigo? — Ai, drama agora, não.

— Mãe, eu sou quero dormir mais cedo. Amanhã eu te ligo. Prometo. — Por favor!!!!

— Você está em casa, Juliana? — Não é possível.

— Claro que eu tô em casa, mãe. — Odeio mentir.

— Tem alguém aí? — Como pode?

— Claro que não! Eu tô sozinha. — Guto desvia o olhar.

— É o Vicente, né? Ele está aí? Você estão se acertando?

— Ela até se anima.

— Não, mãe! Está doida? — Preciso acabar com isso logo.

— Pode me contar! Você sabe que eu faço gosto que vocês se acertem. Gosto tanto dele. — Chega!

— Mãe, o Vicente não está aqui. Esquece isso. Eu vou dormir e amanhã eu te ligo, está bem? Boa noite pra senhora. — Não deveria ter dito o nome do Vicente.

— Está bem. Vou deixar vocês à vontade. — Ela desliga toda animada. Entendeu tudo errado.

Quando eu desligo o telefone, Guto ainda está segurando a minha mão, mas o clima está pesado. Eu menti pra minha mãe dizendo que estava em casa, indo dormir, e ainda falei do Vicente. É lógico que ficou estranho. Ele me solta e volta pro pufe. Pega o balde de pipoca e me olha.

— Vem, vamos ver o filme. Gostei dessa pipoca temperada. — Ele está fingindo que nada aconteceu. Sento ao seu lado, mas não consigo fingir demência.

— Guto, não posso falar pra ela que estou aqui, entende? Estamos em isolamento. Como eu ia explicar que te conheci na varanda? Ela ia surtar. Ia ser muito pior. Eu não gosto de mentir assim, mas ela não ia entender. Minha mãe é muito tradicional. Ela... — Falo sem parar e ele me interrompe.

— Juba, você não precisa me explicar nada. — Ele não me convence.

— Ela perguntou sobre o Vicente. Ela não aceitou bem o fim do meu casamento. Não queria que as coisas fossem assim, mas tive que enfrentar todo mundo pra mudar minha vida. Não foi fácil, sabe? E ela ainda fica na minha cabeça. — Aí, tô com vontade de chorar, mas não posso.

— Juba, está tudo bem. Fica tranquila. Vem aqui. — Ele me puxa para um abraço e deixo uma lágrima rolar.

— Desculpa. — Que droga.
— Você não precisa se desculpar por nada. É a sua vida. — Tudo dando errado.
— Mas eu quero, não gosto de mentira. — Não mesmo.
— Tudo bem, ainda quer ver o filme? — É, não tem mais clima.
— Não sei se quero ver um filme de terror agora, mas com certeza quero comer essa pipoca. — Tento amenizar as coisas.

Comemos a pipoca, falamos sobre meus gostos peculiares e ele até ri das minhas histórias ruins na cozinha. Conversamos, mas ele está distante. Recuou de novo. Claramente. Está tudo estranho. Só não sei se é ele ou sou eu. Ele se levanta para ir ao banheiro e olho meu celular. Minha mãe mandou mensagem.

Mãe
| Estou torcendo por vocês |

Ah, ela cismou que tô com Vicente, nem vou responder. Amanhã resolvo isso. Guto sai do banheiro e entra no quarto secreto. De novo fechando a porta. Isso é tão estranho, mas não tenho cabeça pra pensar nisso. Quando ele sai, está com o semblante fechado. Será que algo lá dentro o incomoda? Será que sou eu? Devo ir embora? Ai, não sei o que fazer.

— Acho que eu vou pintar um pouco. Tudo bem? — Decidiu trabalhar. Péssimo sinal.
— Claro. Então acho que eu vou pra casa. Não quero te incomodar. — Vou me levantando.
— Prefere assim? — Ele não está me dando muita escolha, né?
— Eu tenho mesmo que tomar um banho e trocar essa roupa. Estou com ela há quase dois dias. — Desculpinha esfarrapada.
— Te vejo amanhã? — Ele vem na minha direção e me beija com vontade.

Apesar do beijo de despedida, vou pra casa chateada. Tava tudo bem, até não estar mais. Tudo é tão frágil. A gente ia ver filme com pipoca e a ligação da minha mãe colocou tudo a perder. Eu poderia não ter atendido, mas e se tivesse acontecido alguma coisa? Não sou uma adolescente, preciso atender as ligações. Bom, eu menti, né? Na cara dela, na cara dele. Coisa de adolescente, sim. Nossa, fui muito infantil. Como eu não percebi? Podia tê-la enfrentado de novo. Eu tenho idade pra cuidar de mim. No lugar dele eu também ficaria estranha. Como eu sou idiota. Será que a Laura está acordada? Preciso muito de ajuda.

Juliana
| TRETA |

Laura
| Thomaz |

Ah, ela está com Thomaz, não posso atrapalhar. O mundo não gira em volta do meu umbigo. Mas será que ela está no telefone com ele ou será que quebrou a quarentena também? Vamos ver se ela me retorna.
Tomo um longo banho e choro. Choro porque estou cansada. Por que tudo tem que ser tão difícil? Por que as pessoas não aceitam que eu não quero continuar casada? Por que minha mãe insiste tanto nisso? Por quê? Eu não amo mais o Vicente, é difícil entender isso? Aí conheço um homem interessante, inteligente, lindo, mas tão confuso. Por que ele recua dessa maneira? Eu tô a fim, ele também está. Por que a gente não pode ficar numa boa? Eu ser separada é tão ruim assim? Por que as coisas não podem ser um pouquinho mais fáceis pra mim? Por quê? Choro de exaustão. Eu queria ser feliz rapidinho. Será que dá? Será que

pode ter menos pressão? Menos ex-marido, mãe, pandemia? Será que dá pra ter um vizinho lindo e um pouco menos complicado e arredio? Será que pode ser simples só uma vez? Choro. Choro copiosamente.

CAPÍTULO 7

*Cuidado pro passado
não ser mais presente
que o presente.*

Monika Jordão

Acordo e vejo que já é quase meio-dia. Acho que estava precisando mesmo dessas horas de sono. Me lembro de ter chorado, nem sei como, antes de dormir. O que está acontecendo com a minha vida? Quando foi que eu perdi o controle assim? Pego o celular e levo um choque.

Vicente
| Então quer dizer que estamos nos acertando? |

Minha mãe não fez isso. Não é possível que ela foi falar com ele. É a minha vida, ela NÃO TEM ESSE DIREITO.

Juliana
| Minha mãe não sabe o que diz. Ignora |

Vicente
| Ela está toda feliz com nossa reaproximação kkk |

Juliana
| Que só existe na cabeça dela |

Vicente
| Eu sei, mas de onde ela tirou isso? |

Queria dizer que eu estava na casa de um vizinho gostoso? Queria, mas vou fingir demência porque já tenho problemas demais e não vou aguentar Vicente na minha orelha.

Juliana
| Não sei, tá maluca com a quarentena |

Vicente
| E você, está bem na quarentena? |

Queria dizer: "Me apaixonei pelo vizinho, chorei a noite passada inteira, tô me sentindo perdida e sozinha, mas de resto tá tudo bem." Mas, né? Não vou.

Juliana
| Tô ótima e você? |

Vicente
| Tô bem também |

Isso, sem mais perguntas, assim não preciso responder. Tudo o que eu menos preciso agora é de ex-marido preocupado. O que eu preciso mesmo é de um café – viva o café! Depois dessa mensagem, podia até ser um gin – viva o gin! – mas ainda é cedo demais. Pego meu pretinho e vou pra varanda. A garganta aperta e nem sei dizer o motivo. Tô com a cabeça tão cheia. Queria um colo, um abraço, um carinho... dele... do Guto.

O apartamento do Guto está fechado e não ouço nada. Deve ter trabalhado até tarde ontem e deve estar dormindo. Ou já acordou e está pintando. Ou saiu para fazer compras. Ou sei lá, morreu na banheira. Não importa. Na verdade, importa sim, tomara que não tenha morrido na banheira. Afff... Tô ficando louca. Será que a Laura ainda está com Thomaz?

Juliana
| Hey |

Começo leve e vou pegar mais um café. Ela deve responder logo. Assim espero. Se eu não desabafar com alguém, vou acabar ligando pra minha mãe e a briga vai ser feia. Respira, Juliana, respira. Café. Laurex.

Laura
| Posso ligar? |

Nossa, pra ela dizer, de cara, que quer ligar, é porque aconteceu alguma coisa.

Juliana
| Pode |

Em dez segundos o telefone toca e me assusto quando a vejo pelo vídeo. Ela está chorando.
– O que aconteceu, Laurex? O que o Thomaz fez? – Eu vou matar esse cara.
– O de sempre, né? Não fez. – Ah, tadinha.
– Ele sumiu? Ontem vocês estavam juntos? Não tô entendendo.
– Nos falamos ontem, mas ele disse que não quer se envolver agora com quarentena e isolamento. Que não dá pra avaliar as coisas nesse momento. Que estamos todos com os nervos à flor da pele e que tudo tem uma intensidade diferente. – Essa palavra já está começando a me irritar.

– Mas vocês se envolveram bem antes de começar a quarentena, que conversa é essa? – Ele é muito esquivo.

– Essa é a desculpa para não assumir nada. Nem o que ele sente. Disse que não sabe dizer o que sente por mim porque está tudo estranho nesse momento. Que quer esperar essa loucura passar. – Que cara de pau.

– E você disse o que pra ele? – Aposto que devolveu na mesma moeda.

– Disse que ele tinha razão, que eu também estava confusa e não sabia o que estava sentindo. Que era melhor a gente se afastar. Ele arregou, mas não conseguiu contornar. Fui mais rápida que ele. Ele quer jogar? Vamos jogar, então. – Quem ela quer enganar?

– Você tá chorando, sabe disso, né? – É de cortar o coração.

– Mas só você está vendo. – Ela enxuga as lágrimas e engole o choro.

– Laurex do meu coração, por que não disse o que sentia? Por que está entrando nesse jogo idiota? Orgulho? – Eles não precisam disso.

– É orgulho, sim. É muito orgulho. Você queria que eu tivesse dito "eu te amo" depois de ele dizer que não quer nada comigo? Ser rejeitada uma vez já está bom, não preciso me humilhar. – Ela volta a chorar, mas se controla.

– Você não precisa parecer forte pra mim, Laura. E eu não queria que você se humilhasse, eu queria que você tentasse se abrir. Vocês estão nessa guerra de orgulho desde que se conheceram. Nenhum dos dois dá o braço a torcer, mas também não se largam. Isso é ridículo. Em algum momento, um vai ter que ceder ou vocês vão se perder sem necessidade.

– Então a gente vai se perder. Eu não vou me abrir para alguém que não me quer. – Ela está irredutível.

– Mas ele te quer. Você sabe disso. – Eu não entendo.

– Então que ele diga isso. Com todas as letras.
– E você disse? Com todas as letras?
– Óbvio que não. Ju, ele disse que não quer nada comigo.
– E você disse que também não quer, mas quer. Quem garante que ele não tá fazendo o mesmo que você? – Parecem dois adolescentes.
– Ninguém garante, mas não vou correr o risco. Por acaso você disse pro Guto que está apaixonada? – Ah, não mistura as coisas.
– É completamente diferente. Eu e o Guto nos conhecemos agora. Sua história com o Thomaz tem meses. – Não adianta comparar.
– E o Guto é tão complicado quanto o Thomaz, então é melhor correr enquanto é tempo. – Ela tá muito magoada.
– Ele já fez isso por mim, mas o foco aqui é você, Thomaz e a teimosia infantil dos dois. – É hora de bater.
– Não é teimosia.
– É, sim! Vocês se gostam e estão fazendo um jogo sem sentido. Sentem falta um do outro, se procuram, se encontram, se afastam, avançam, recuam. Isso não faz sentido. – Falar em "fazer sentido" me lembra do Guto. Acho que eu não faço o sentido que ele achou que eu fizesse.
– Tá bom, não faz, mas o que eu posso fazer? Ele disse, COM TODAS AS LETRAS, que não quer nada comigo. Game over. – Ela chora de novo.
– Laurex, você sabe que essa história está longe de acabar.
– Acho que acabou. – Nunca vi a Laura assim.
– Não acabou. Eu sei que não acabou. – Ela dá um sorrisinho.
– Será que não? – Eu sei o que ela quer ouvir.
– Não. Ele te quer, mas tem medo de assumir. Você é dura, ele também é, mas vocês não conseguem ficar longe por muito tempo. Eu sei que vão se acertar. Vocês são tão iguais. – Ela suspira.
– E você e Guto? O que aconteceu? – Nem sei por onde começar.

– Aconteceu tudo. Fui pra lá, ficamos juntos, pintamos um quadro horroroso, bebemos, rimos, namoramos muito e tudo mais. Até minha mãe ligar. – Nem gosto de lembrar.

– E você atendeu? – Ela está chocada.

– Ela ligou três vezes. Podia ter acontecido alguma coisa. Eu tinha que atender. Aí, já viu, né? – Ela começa a rir.

– Ela fez um monte de perguntas.

– Pior. Desconfiou que eu não estava em casa. Fiquei nervosa, menti pra ela na frente dele, derrubei uma lata que estava no chão e ela achou que eu estava com o Vicente. Toda animada com a reaproximação. Eu falei que não tava com Vicente nenhum, mas ela não acreditou. Guto resolveu trabalhar, achei que ele tava estranho, mas eu também estava tonta, então nem sei. Acabei em casa, chorando no chuveiro. Fim. – Até que fiz um bom resumo.

– Vamos por partes. De onde ela tirou que você estava com o Vicente? – Ela ri de novo.

– Da cabeça iludida dela. – Minha mãe ama o genrinho.

– Tadinha. Vai se decepcionar. – Ela não para de rir.

– Pior que ela mandou mensagem pra ele, que veio me questionar. Mandei ele ignorar, que ela está louca. – Ela parou de rir.

– Ela mandou mensagem pra ele? Tá louca mesmo. – Agora ela está entendendo.

– Pra você ver. Ela quer tanto que a gente fique junto que está criando a própria trama. É muita pressão. Tô tão cansada. Ela está fazendo isso desde que anunciei a separação. Não aguento mais. – Ainda bem que Laura sabe de tudo. É a única pessoa que vai me entender.

– Você precisa conversar com ela, Ju. Jogar a real.

– De novo? Eu e Vicente sentamos com ela e explicamos que acabou. Ela não quer aceitar. Parece até que é ela que está separando. – Eu não entendo.

— Você teve que explicar isso pra ela na cara do Guto?

— Não expliquei, só disse que não estava com o Vicente. Ele percebeu que eu estava nervosa, até pegou na minha mão, mas depois entrou no quarto secreto, saiu todo calado e disse que ia trabalhar. Achei melhor vir pra casa. Estava tonta com tanta coisa.

— As coisas dão errado tão rápido, né?

— Que quarto secreto? — Não contei pra ela?

— Ah, o segundo quarto do apartamento dele está sempre fechado. Ele entra pra pegar algo, mas fecha enquanto fica lá dentro. Não tenho ideia do que é, mas que ele sempre sai entranho de lá, sai. — Mais essa pra minha cabeça.

— E você não foi lá? Não perguntou? — Ativou o lado FBI.

— Perguntei e ele disse que é só o quarto da bagunça. Não entrei lá, nem sei se eu quero.

— É claro que você quer. Eu quero. Você vai entrar e descobrir o que tem lá.

— Eu nem sei se vou voltar na casa dele, Laura. O cara resolveu trabalhar no meio da noite, entrou no quarto secreto depois que menti pra minha mãe e falei do meu ex. O que fez ele se afastar assim? Não sei, só sei que tô cansada também.

— Não tá cansada coisa nenhuma. Pode ter sido um milhão de coisas, mas você já acha que ele não te quer. Para de se diminuir assim, Juba. — Ela sempre diz isso.

— Você pode achar que o Thomaz não te quer e eu não posso achar que Guto não me quer? — Agora quero ver.

— O Thomaz disse que não quer nada. O Guto só resolveu pintar um quadro. E se fosse um quadro pra você? E se ele fosse pintar você? Você nem sabe, já saiu correndo. Cagona! — Até eu rio.

— Ah, Laura. Eu não sei lidar com ele. Esse avançar e recuar dele me confunde. Eu entendo que ele tem medo de expectativas, que não quer se decepcionar, que está com medo, mas esse medo

dele me dá medo também. Porque não sei até onde eu posso ir, não sei quando ele vai querer ou fugir. Eu não sei...
— Acho que você precisa descansar. Eu também preciso.

Passo o dia todo pensando em Guto. O medo dele me dá medo. Essa instabilidade dele é algo com o qual eu não estou sabendo lidar. Esse avançar e recuar me deixa insegura e não preciso disso agora. Eu sinto que existe alguma coisa entre nós, mas não dá pra construir nada assim. Nem uma amizade. Não dá pra saber o que ele quer e eu sei bem que o quero. Mas, sozinha, de que adianta? Já deixei claro, já manifestei, já mandei música, não dá pra ser mais clara do que isso. Se ele tem dúvidas, que lide com elas. Eu já tenho problemas demais. Guto não vai se tornar mais um.

Preciso distrair a cabeça. Faço mais um café (viva o café!) e me acomodo no sofá. Preciso trocar esse sofá do Vicente, nem confortável ele é. Na verdade, preciso redecorar toda essa casa. Preciso vender essas tralhas todas e comprar tudo novo. Só me falta dinheiro pra isso, mas um dia eu consigo. Ah, caramba. É Guto, Vicente... Minha cabeça não para um minuto.

O amor me faz mesmo perder a razão. Eles estão certos. Eu perco a razão quando penso nele. Acabei de conhecê-lo e tudo parece sem graça com sua ausência. Falta muito pro sol se pôr? Preciso de alguma coisa que me faça pensar em outra coisa, em outra pessoa, em outro mundo.

Já é noite quando preparo a primeira taça e não me culpo. Esperei o dia virar noite, então estou perdoada. Vou pra varanda pra ver se esbarro com ele enquanto ouço "Pardon Me" do Felipe Câmara. Me perdoa, amor. Pardon me. Eu sei que posso te fazer feliz". Ela é perfeita. Nem tô bêbada ainda e já estou cantando e indo atrás do macho. A gente não aprende, né? A saudade é mais forte que o bom senso. Mas esse é o máximo que vou fazer, essa é o movimento mais radical que partirá de mim. O resto é com ele. Ele que venha. Foi ele que me mandou embora.

Guto nem deu as caras e eu ainda estou na varanda tomando minha terceira taça de gin. Já não controlo bem meus pensamentos e estou a ponto de mandar uma mensagem. Como eu sou patética, né? O cara me dispensa e eu ainda tô querendo ir atrás dele. Não vou. Vou ficar de boa aqui. Ah, meu Deus. Ele está abrindo a varanda.

Guto aparece falando ao celular, então fico em silêncio. Ele me vê e dá um sorriso.

– Tá bem. Eu te mantenho informada.

Ele está sério. Deve ser alguma coisa importante. E tá tão lindo. Calça de moletom, camiseta e uma jaqueta jeans. Cabelo sujo de tinta. Por que será que ele sempre suja o cabelo?

– Estou dentro dos prazos e vou entregar tudo. Não se preocupe.

Que conversa burocrática, nem parece artista. Parece eu falando com a minha chefe. Deve ser a galerista dele.

– Isso. Exatamente.

Só quero que ele desligue e continue aqui na varanda comigo.

– Tá bom, mãe. Eu entendi.

Mãe? Ele fala com a mãe assim? Com essa formalidade?

– Ok. Tá bom. Até mais. Beijo.

Ele desliga, deixa os braços caírem e me olha.

– Problemas com a mãe também?

– Mais ou menos. Ela é minha agente, então as coisas ficam ruins às vezes.

– Nem consigo imaginar a possibilidade de trabalhar com a minha mãe. – Rimos juntos.

– Não é fácil, mas ela é boa no que faz. Aceita companhia para esse gin?

– Claro. Pega uma cerveja. – Ah, era isso que eu queria.

Ele entra e eu abro a câmera do celular pra conferir minha aparência. Aconteceu tudo do jeito que eu queria. Bem natural. Sem forçar nada. Ele volta com a cerveja e senta no banquinho.

– Muito trabalho? – Vamos começar devagar. Gin!

– Algumas encomendas acumuladas, mas tudo dentro do prazo. Vai dar certo.

– E eu achando que vida de artista era só jogar tinta na tela...

– Artista também trabalha, sabe? A gente trabalha muito, na verdade. Tem prazos, clientes, obrigações... Não é só festa e inspiração.

– Temos uma imagem distorcida dos artistas, né? Achamos que vocês vivem de festa e arte.

– Não é bem assim. Tem muita festa e arte, sim, mas essa é só a ponta do iceberg. – Nossa, eu tô menosprezando o trabalho dele. Preciso corrigir isso.

– Vocês são importantes. Nessa quarentena pude entender. Nem sei o que seria de toda a humanidade sem arte nesse momento. Tudo o que fazemos é ver série, ouvir música e ler. Não sobraria nada sem vocês. – Eu fui sincera.

– Esse isolamento está sendo cruel para os artistas. Fomos os primeiros a parar, seremos os últimos a voltar e estamos salvando a sanidade mental de todo mundo. Espero que nos valorizem depois disso. Eu sou um privilegiado, mas tem muito artista passando fome agora.

– Nem posso imaginar, mas acredito que, quando tudo isso passar, as coisas serão diferentes pra vocês.

– Não tenho esse otimismo, mas gosto que você tenha. – Ele sorri pra mim.

– Gosto de ver o copo mais cheio. – Dou de ombros. Gin!

– E seu dia, como foi? – Não posso dizer que pensei nele o dia todo, né?

– Foi bom. Descansei, li um livro e agora estou aproveitando o gin. Viva o gin!

– Viva a cerveja! Eu nem ia tomar uma hoje, mas ver você aí me animou.

– Que bom que eu te animo.

– Você sempre me anima.

– Nem sempre, né? – Ai, caramba.

– Sempre, Juba. Sempre! – Ele abaixa os olhos.

– Não parece. Às vezes acho que te espanto. – Eu não deveria estar entrando nesse terreno, mas não me controlo.

– Você não me espanta. Na verdade, sua beleza me espanta, sim, mas você, não. Eu que espanto você. Como eu te disse, você me assusta.

– Eu não queria te assustar. Eu sou legal, juro. – Ele dá uma risadinha.

– Eu sei que é. O que me assusta é o que eu sinto. O tanto que você faz sentido.

– Seria melhor se eu não fizesse?

– Seria mais seguro, mas, com certeza, não teria a mesma graça. – Não consigo interpretar esse homem.

– Guto, você me confunde. Seu medo me assusta. Eu não sei como agir com você. Nem sei o que dizer. Eu não sei pra onde ir ou o que vai te fazer recuar, entende? – O que eu estou dizendo?

– Entendo. Já ouvi isso. – Ele parece entristecer.

– Eu não sei o que te aconteceu, mas não queria que projetasse em mim as dores do seu passado.

– Eu também não queria, mas são parte de quem eu sou. Não consigo me desvencilhar delas.

– Não quero que seja outra pessoa, só queria que acreditasse em mim.

– Eu acredito em você, Juba. Mais do que deveria.

– Por que preferiu me mandar embora, então? – Cala a boca, gin!
– Eu não te mandei embora.
– Mandou. Não com todas as letras, mas mandou.
– Não, Juba. Você atendeu a sua mãe e eu vi como a conversa mexeu com você. Achei melhor te dar um espaço. Disse que ia trabalhar e você resolveu ir embora. Respeitei.
– Mas eu não queria um espaço. Você resolveu trabalhar e achei que era pra ir embora.
– Não era. Quer dizer. Era pra você decidir o que queria fazer e decidiu. Foi embora. – Eu não tô acreditando.
– Por que você não me pediu pra ficar? – Era tudo que eu queria ouvir.
– Porque, por mais que quisesse, eu não tinha esse direito. – Ele foi legal ou tá me enrolando?
– Não sei o que dizer. Tá vendo como você me confunde?
– Você queria ter ficado?
– Queria.
– E não ficou porque achou que eu te mandei embora?
– Isso.
– A falta de comunicação é o mal do mundo, né?
– Com certeza.
– Você queria estar aí agora?
– Não sei o que eu queria. Só me restou sentar aqui e tomar meu gin!
– Vou reformular a pergunta. Você queria estar aqui agora? – Que direto. E agora?
– Ah, Guto... Não faz isso comigo. – Meu coração está disparado.
– Eu queria que você estivesse aqui. – O que eu faço?
– Você tem certeza? Não vai mudar de ideia? Não vai recuar daqui a algumas horas?
– Eu te assusto tanto assim?

— Assusta. Sua instabilidade me assusta. Seu medo me dá medo. — Obrigada por essa frase, Mafê.

— Intenso, né?

— Não. Não joga a culpa na intensidade. É o seu medo que me dá medo, não a sua intensidade. — Agora eu mandei bem.

— Então vou ser intenso e perguntar mais uma vez. Você queria estar aqui? — Não consigo negar isso. Eu não consigo. Eu sou muito fraca.

— Queria!

— Então vem, eu também quero.

Respiro fundo pensado no que fazer. Se eu me entregar agora, não vou ter mais saída. Ou eu mergulho nesse mar agora ou pulo do barco e salvo minha integridade.

O amor me faz perder a razão. Ele continua me encarando e sei que não tenho muito tempo pra decidir. Encaro a tempestade? Ah, estamos em quarentena, né? Não tenho muito o que fazer e ele já é dono dos meus pensamentos. Pensa, Juba. Pensa. Sua resposta vai determinar tudo.

— Posso levar meu gin? — Ele abre o sorriso mais lindo que eu já vi e ali, naquele sorriso, sei que estou perdida.

— Pode trazer o que você quiser. Só vem! — Ele entra e eu entro também. O gin me dá uma coragem que eu nem sei se deveria ter, mas tô tão feliz.

Pego a garrafa, meu celular, o carregador e abro minha porta. Ele já está me esperando e caminho devagar até ele. Seus olhos não saem de mim e é bom saber que ele me quer. É muito bom. Quando estou a um passo, ele avança e me abraça. Aquele abraço-casa. Igual da primeira vez. Respiro aliviada por estar de volta ao lar. Ele é mais casa do que minha casa e não quero nunca mais sair daqui. Desse abraço. Entramos ainda abraçados e, quando ele fecha a porta, me beija.

As roupas vão ficando pelo caminho e, quando me dou conta, já estou entre seus lençóis. Sua boca me devora inteira e seus dedos me passeiam em cortesia. Aliso sua pele e lhe arranho o dorso. Colidimos nossos corpos e sussurramos em uníssono. Estou entregue e parece que ele também está.

CAPÍTULO 8

*Cultive flores e colha frutos,
mas nunca se esqueça
das suas raízes.*

Monika Jordão

Cochilo em seu colo e acordo com seu ronronar. Não chega a ser um ronco horroroso como o do Vicente, mas me acorda. Sorrio e isso é prova de que estou mesmo perdida, mas é tão bom estar aqui. Levanto o rosto e o observo, mas meus movimentos o acordam também.

– Bom dia!
– Ainda é noite, artista. Eu acordei com seu ronco mesmo. – Ele arregala os olhos e ri.
– Mas eu não ronco. – Rio e o beijo.
– Ronca, sim. E bem alto. – Nem foi tão alto assim.
– Não ronco, não. – Ele me beija com vontade e não me deixa retrucar.
– Você não tem nem vergonha, né? – Me aninho em seu peito.
– Vou tomar um banho que ainda estou sujo de tinta. Fica à vontade, tá? – Ele me beija a testa e vai pro banheiro.

Confiro meu celular e não tem ligação da minha mãe. Esse é meu único medo. Estou com sede, acho que vou até a cozinha. No caminho, passo pelo quarto secreto e paro diante da porta. O que será que tem aí dentro? O que será que mexe tanto com ele? Uma espiadinha seria muito ruim? Ele disse que eu podia ficar à vontade. Não seria uma violação, seria? Eu quero olhar, mas sinto que não deveria. Estaria invadindo um espaço que não me pertence e eu não tenho esse direito. Seja o que for, ele vai me mostrar quando achar que deve. Não vou estragar algo que já é complicado demais.

Ele sai do banheiro e me pega diante da porta. Disfarço.

– Tudo bem? – Ele percebeu.

– Tudo. Ia pegar uma toalha pra tomar um banho também.

– As toalhas não ficam aí, ficam no meu quarto. Vem que eu te ajudo. – É, ele não quer mesmo que eu veja, mas quanto mais mistério ele faz, mais curiosa eu fico.

– O que tem no seu quarto da bagunça? Posso ver? – Faço cara de cachorro que caiu da mudança, mas seu rosto fica sério.

– Só tem bagunça. Telas, tintas, cavaletes, pincéis... Bagunça.

– Ele é difícil, mas não posso desistir agora. Não quero alimentar essa desconfiança.

– Ah, coisas de artista. Deixa eu ver. – Faço cara de animação e esfrego as mãos. Ele dá um sorrisinho e cede.

– É só bagunça.

Ele coloca a mão na maçaneta e eu prendo a respiração. A porta vai abrindo e olho pra dentro sem entender nada. O que significa tudo isso?

Olho pra dentro do quarto e, realmente, é uma imensa bagunça. Estou tão ansiosa que não consigo prestar muita atenção nos detalhes. Foco, Juliana, foco! Não que as coisas estejam jogadas ou entulhadas, há certa organização lá dentro, mas é uma confusão de informações. Telas e mais telas, todas empilhadas. Vejo tintas, dois cavaletes, um banco quebrado e uma pilha de telas novas. Há um armário sem porta e dentro dele há mais material de arte, eu acho. Caixas, pincéis, livros, discos de vinil e uma máquina de escrever. No fundo, bem no cantinho, posso ver um quadro pronto. Nele há uma mulher de costas andando em direção ao mar. Ela veste apenas uma grande camisa azul e segura uma taça. Sou eu. Aquela sou eu. Ele me pintou? Será?

– Viu? É só bagunça. – Ele começa a recuar.

– Aquela indo pro mar sou eu? – Não resisto em perguntar.

– É... Não posso negar. Aquela é você. – Eu fico eufórica!

– Deixa eu ver isso. – Vou até a tela. Ela não é muito grande, mas é rica em detalhes.

– Não é nada demais. – Ele se apoia na pilha de telas.

– Como não? Você não ia me mostrar? Quando você fez isso?

– Não é nada demais. Pintei naqueles três dias de hiato. Quando você se afastou de mim. Quando eu tentei te esquecer. – Ele não está feliz que eu tenha visto.

– Você tem um jeito estranho de tentar esquecer as pessoas. – Lhe dou um beijo para espantar essa ideia de me esquecer.

– Eu sou estranho. – Ele ri e me beija de volta.

– E eu adoro essa sua estranheza.

– Você ainda não viu nada.

– Já vi o suficiente e estou aqui, não estou? – Quero espantar esse medo dele.

– Está! – Ele me abraça forte.

– O que tem nessas telas aí atrás?

– São pinturas velhas.

– Deixa eu ver? – Tento dar a volta nele, mas ele me segura e me beija.

– Pra quê?

– Adoro que me beije, mas ainda quero ver as pinturas. – Ele ri e me beija mais uma vez.

– São velhas. Passado.

– Quero ver tudo que você faz.

– Posso pintar mil telas novas pra você.

– Quero as mil telas do futuro, mas também quero as do passado.

– Eita, mulher curiosa.

– O que tem aí que você não quer que eu veja?

– Passado, Juba. Coisa velha. Artistas materializam suas dores, suas histórias. Fazem delas música, poesia, dança, quadros. Não são bonitas. Não me representam mais. É entulho. Vou me livrar delas. O que importa agora são as mil telas novas. – Ele me beija mais uma vez.

Apesar de querer ver essas histórias materializadas, essas dores todas, respeito seu desejo de preservá-las. Eu também não mostraria para ele tudo que já vivi. Não mostraria minha covardia, meus medos, minhas angústias. Não é justo que eu queira vasculhar o que não me diz respeito. Ver essas telas me explicaria seu comportamento arredio? Provavelmente. Isso ajudaria nossa história? Não sei. De qualquer maneira, se ele não quer mostrar agora, não vou forçar. Não vou estragar as coisas mais uma vez alfinetando o que ele diz que dói. Não vou cometer o mesmo erro da banheira. Não vou afastá-lo de mim.

– Tudo bem. O que tem aí é sua história e não vou invadir um espaço onde não me cabe. Se um dia você quiser dividir essas histórias e dores comigo, estarei aqui. Por hora, fico com as telas novas e com essa linda moça segurando seu gin na praia. – Amei tanto a pintura que ele fez de mim.

– Essa moça linda é você, mas não é você.

– Não entendi.

– Um dia eu te explico. Cabeça de artista não faz muito sentido mesmo. Vem aqui. Quero te mostrar minha primeira tela. Quer conhecer um pouco do meu passado? Essa tela eu posso te mostrar. – Me puxa para perto do armário.

Ele vai até uma enorme tela que está na parede oposta. Ela está coberta por um lençol, mas ele a revela pra mim. Nela há uma grande árvore seca. Seus galhos se ramificam para todos os lados.

O chão é de terra batida e o céu é escuro. Não há animais ou flores. Apenas a grande árvore. Não é uma imagem feliz, mas é bonita. De alguma maneira, é bonita.

– Nossa, quantos anos você tinha quando pintou isso?

– Treze anos. Eu já rabiscava, mas tela, foi a primeira.

– E o que essa árvore representa? – Não sei interpretar sozinha.

– Já teve muitos significados diferentes, mas acho que, no fim, sou eu.

– Você não é seco assim. Você tem vida.

– Ela também tem.

Sinto uma grande vontade de abraçá-lo e assim faço. A árvore é enorme, mas está sozinha e não dá folhas. Ela se ramifica por todo o espaço, mas nada alcança. É aflitivo pensar que ele se vê assim. Que garoto de treze anos se enxerga dessa maneira? Talentoso ele era, sem dúvida, mas fico triste ao perceber que ele, tão pequeno, sentia-se tão sozinho.

– Se fizesse uma obra hoje, te representando, seria assim?

– Não. Eu só tinha treze anos. Hoje seria diferente.

– Seria como?

– Não sei. Acho que não conseguiria sintetizar num único elemento. Aquela obra dos pregos me representava também.

– Aquela que me acordou, né? – Rimos e ele beija o topo da minha cabeça.

– Essa mesmo. Minha tatuagem também me representa. – A tatuagem das contradições.

– Aquela pilha de telas velhas também representa você. – Aponto para as telas que ele não me deixou ver.

– Claro. São parte da minha história. Não tenho mais treze anos, muita coisa aconteceu. Somos a soma das nossas experiências, né? – Somos. Somos mesmo.

– Nunca expôs essas telas? Nunca pensou em vendê-las?

– Não. São particulares demais. Essa primeira eu não venderia por dinheiro nenhum no mundo. Aquelas velhas não valem muita coisa.

– E a minha, vale quanto? – Eu amei tanto que ele me pintou.

– As telas nesse quarto não valem muita coisa pra ninguém. São só memórias registradas.

– Pra mim elas valem muito. – Quero valorizar o que ele faz. Ele sorri.

– Você não ia tomar banho? Vou pegar a toalha pra você. Chega de mexer nesse lugar. – Cobrimos a grande árvore e saímos do quarto – não mais secreto.

Tomo meu banho mais aliviada por saber o que tem naquele quarto. São memórias. Quando a gente olha pra trás, nem sempre vê coisas bonitas. Se eu olhar para o meu passado, verei uma garota que não teve forças para seguir seus sonhos. Uma mulher que casou por conveniência, que seguiu os passos de terceiros e que nunca teve voz ativa. Não me orgulho e ainda bem que não sou artista. Materializar tudo isso deve ser um fardo pesado de carregar.

Volto pro quarto e Guto já está deitado. Ele lê alguma coisa no Kindle e me aconchego nele.

– O que está lendo?

– "Deuses Americanos", do Neil Gaiman. Já leu?

– Dele eu só li "Mitologia Nórdica". – Pelo menos eu conheço o autor. Não passo tanta vergonha.

– Ele é incrível, né? – Guto coloca o Kindle na cabeceira e se ajeita pra dormir se enrolando todo em mim.

– Ele é incrível mesmo. – Gosto de estar aqui.

– Boa noite, vizinha. – Ele dá uma risadinha e me beija.

– Boa noite, vizinho. – Vou dormir em paz.

Acordo meio perdida e levo alguns segundos para perceber que estou no Guto. Ele não está na cama e posso ouvir música vindo da sala. Aproveito para enrolar mais um pouco. Pego o celular e vejo que são duas horas da tarde. Dormi demais. Tem mensagens da Laura e uma ligação perdida da minha mãe. Como é possível? Mães têm radar, é isso? Vou falar com Laura primeiro. Lido com a família depois.

Laura
| Thomaz segue em silêncio |
| Já dormiu? |
| FOFOCA |
| Tá no Guto, né? |
| Avisa quando puder ligar |

Ah, ela estava precisando de mim e eu nem dei atenção. Preciso ligar pra ela. E pra minha mãe. Vou dar um pulo em casa pra resolver essas coisas. Levanto, visto a camiseta que o Guto estava usando ontem e vou pro banheiro. Ele está na cozinha e posso sentir o cheiro do café. Chego lá e ele está ouvindo música e fazendo ovos mexidos. Esse homem existe mesmo?

– Pela hora, achei que estivesse preparando almoço. – Chego perto e o abraço por trás.

– Eu também levantei agora. E não importa a hora, o café da manhã é sagrado, né? – Ele se vira e me beija.

– Sem dúvidas. Como posso ajudar? – Vou até a mesa e ela já está posta.

– Não precisa fazer nada. – Ele me dá uma caneca de café e pega uma pra ele.

– Viva o café!
– Viva o café!
Guto se senta à mesa e me puxa para seu colo.
– Você não precisa trabalhar? Sua mãe e empresária disse que você tem prazos. – Falo com descontração para não pesar o clima.
– Na verdade, tenho mesmo que trabalhar.
– E eu preciso fazer algumas ligações, então vamos fazer assim: eu vou para casa resolver essas pendências e você trabalha em paz.
– E eu te vejo mais tarde?
– Vê. Você me vê mais tarde. – Chego perto dele e o beijo.
– Na varanda?
– Não. Na sua porta. – Não quero mais encontros na varanda.
Ele ri, me beija calorosamente e eu vou embora. Já na minha cozinha, faço mais um pouco de café e mando mensagem pra Laura.

Juliana
| Estava no Guto, mas já estou em casa. Posso ligar? |
Laura
| Imediatamente |

Ligo e ela atende no primeiro toque.
– Dormiu bem, Cinderela? Tá com a pele boa, hein? – Ela já começa fazendo graça e fico aliviada. Não queria que estivesse chorando de novo.
– Pois é, você notou? Minha pele está bem melhor mesmo.
– Rimos.
– E aí, o vizinho deu o bracinho a torcer?
– Nos encontramos na varanda e percebemos que tudo não passou de um mal-entendido. Fui pra lá e voltei agora.

– Malandrona! Mal-entendido como?

– Achei que ele tinha me mandado embora e ele achou que eu precisava de espaço. Ninguém falou mais nada e ficou tudo estranho.

– Tem um negócio que resolve isso, se chama "diálogo". Invadiu o tal quarto secreto?

– Claro que não, mas pedi pra ver e ele deixou.

– O que tinha lá?

– Uma pintura minha. Coisa mais linda, Laurex. Você precisava ver. Eu de costas, na praia, só com a camisa azul dele, segurando uma taça de gin.

– Ele já te decifrou todinha. Viva o gin.

– Viva o gin.

– Mas se era uma pintura sua, por que ele sai de lá tão chateado?

– Ah, porque tem várias pinturas velhas lá dentro. Ele disse que são coisas do passado.

– E são o quê?

– Não vi, estão empilhadas. Tem tela de quando ele tinha treze anos. Coisa velha mesmo.

– Pelo menos não é uma coleção de calcinhas de ex ou armas nucelares.

– Você tem uma imaginação muito fértil, sua louca.

– Quarentena, meu anjo.

– Falando em quarentena, e Thomaz? Sumiu mesmo?

– Sumiu. Não nos falamos desde aquele dia. Macho é um ser complicado, né?

– Sim. O macho é uma espécie que deu errado. Não tenho dúvidas disso.

– E a gente ainda sofre por eles. Afff. – Ela tá sofrendo, tadinha.

– Você tá bem?

– Podia estar pior, mas tô bem. Escolha dele, né? Tô me sentindo um pouco rejeitada? Tô, mas antes rejeitada do que humilhada.

— Ainda acho que quando um de vocês baixar a guarda tudo se ajeita.

— Juba, esse alguém não serei eu. — Muito orgulhosa.

— Toma um ginzinho e liga pra ele.

— Nem pensar. Tomei um porre ontem e não liguei. Nada vai me fazer rastejar.

— Não quero que você rasteje. Quero que seja feliz e você é feliz com ele.

— Mas ele não me quer. Ponto.

— Ele te quer, mas tá com medo.

— Então é cagão e não quero macho cagão.

— Ai, Laura. Você não é fácil, mas não posso tirar sua razão.

— Então fala: "Você tem razão, Laura". — Idiota. Rimos.

— Você tem razão e eu tenho que ligar pra minha mãe. Vou fazer isso agora pra ela não ligar quando eu estiver no Guto mais tarde.

— Vai no Guto mais tarde? Tá ficando sério o negócio.

— Sério eu não sei, mas tá bom pra caralho.

— É isso aí, Jujuba. Vida nova!

— Amo você, qualquer coisa me liga.

— Tá bom, você também.

Desligamos e eu ligo pra minha mãe. Vamos tranquilizá-la e ver se está tudo bem com eles. Quero arrumar algumas coisas aqui e voltar logo pro Guto.

— Oi, mãe. Vi que me ligou. Tudo bem por aí?

— Oi, Juliana. Tudo bem, e com você? Não atende mais o celular, é? — Já começou a cobrança.

— Quando eu vi sua ligação já era muito tarde e não quis te acordar.

— Como você está aí sozinha, Juba?

— Tudo bem, mãe. Me adaptando. — Mal sabe ela que não ando muito sozinha.

– Não gosto de pensar em você sozinha.
– Faz parte, mãe. Está tudo bem. Eu tô até gostando.
– Ninguém gosta de ficar sozinha, Juliana.
– Tem muita gente que gosta. E eu tô gostando.
– Não sente falta do seu marido?
– Ex-marido, mãe.
– Você fala isso com tanta naturalidade.
– Mas é natural, mãe. Você precisa entender e aceitar que meu casamento com o Vicente acabou.
– Mas não precisava ter acabado. Vocês podiam ter se acertado.
– Mãe, a gente tentou, mas não deu certo. Ponto final.
– Não acho que as coisas sejam simples assim. Vocês, jovens, desistem de tudo muito rápido.
– Eu passei anos tentando consertar, mas não tem conserto.
– Vocês só precisam de boa vontade.
– Mãe, não é uma questão de vontade. Não há mais amor.
– Juliana, amor é relativo.
– Relativo? Seu amor pelo papai é relativo?
– Nós passamos por crises e estamos aqui. Juntos. Unidos. – Ela não desiste.
– Mãe, esquece o Vicente, por favor.
– Eu liguei pra ele ontem. Conversamos bastante. Ele disse que anda repensando a decisão de vocês. Que essa quarentena colocou tudo em nova perspectiva. Ele acredita que pode salvar esse casamento. Vai te procurar. Abre seu coração, filha. O Vicente é o cara certo pra você. – Não é possível que isso está acontecendo.
– Mãe, não é possível que você tenha ligado pro meu EX-marido pra discutir a MINHA decisão. – Comecei a me exaltar.
– Eu quero o seu bem, Juliana.
– Mas é a MINHA vida, mãe. Você NÃO pode se meter nela assim.
– Juliana, eu sou sua mãe. Estou tentando ajudar.

– Mas NÃO está ajudando. Eu JÁ decidi. Esse casamento A-C-A-B-O-U.

– Que ódio é esse que você sente dele? Não entendo. Vicente é um rapaz tão legal. Tão correto.

– Não é ódio, mãe. Só NÃO É MAIS AMOR.

– Amor se constrói, filha.

– Eu passei anos casada com esse homem e NÃO HÁ MAIS AMOR. – Já estou gritando com ela.

– Juliana, abaixa esse tom de voz para falar comigo. Eu sou sua mãe. Me respeita.

– E você, POR ACASO, me respeitou quando ligou para o MEU ex-marido para discutir a MINHA VIDA?

– Estou tentando ajudar.

– Mas ATRAPALHOU. Não quero Vicente me ligando pra discutir nada, ENTENDEU? Você trate de resolver essa confusão sozinha. Ela é SÓ SUA.

– Juliana, o que é isso? O que está acontecendo com você? – Ela está em choque.

– Essa sou eu cansada, mãe. Não aguento mais as pessoas decidindo o que é melhor pra mim. – Começo a chorar.

– Filha, a mãe está tentando cuidar de você. Não fica assim.

– Eu não quero mais ninguém cuidando de mim, mãe. Deixa eu cuidar de mim mesma, por favor. – As lágrimas caem aos litros.

– Juba, meu amor, eu sou mãe. Nunca vou deixar de cuidar de você. – Eu não aguento mais isso.

– Mãe, eu preciso desligar. Tem arroz no fogo.

– Pensa em tudo que eu te falei, tá bom? Amo você. – Ela está melosa.

– Nos falamos depois. Beijo! – Desligo antes de ela responder.

Qual é o problema dela? Não é possível. Choro copiosamente. É tão exaustivo viver assim. Como eu pude permitir que minha vida fosse controlada por todo mundo? Quando foi que eu perdi as rédeas da minha própria vida? Talvez eu nunca tenha tido esse controle. Que patética. Minha mãe está confabulando com meu ex-marido para decidirem o que deve acontecer comigo. Eu sou o que, um brinquedinho deles? Não vou deixar isso acontecer. Não vou!

Tomo outro banho. Preciso lavar a alma. Choro de novo. Me sinto tão perdida, tão cansada, tão ridícula. Pela primeira vez na vida estou fazendo o que tenho vontade e estão tentando me controlar. Isso não é justo. Eu não posso deixar isso acontecer de novo. É hora de colocar limite nos que me cercam. Quero ir pro Guto viver o que eu tenho pra viver hoje. Não quero voltar pro passado, pro Vicente, pra minha vida velha.

Saio do banho e mando uma mensagem pra ele. Ainda preciso conversar com a Laura. Ela precisou de mim e não retornei.

Juliana
| Trabalhando ainda? |

Augusto
| Trabalhando, mas pode vir quando quiser |

Juliana
| Vou resolver mais uma coisa aqui e já vou |

Augusto
| O que vamos jantar? |

Juliana
| Me surpreenda |

Gosto de como as coisas estão caminhando com Guto. Leves. Sem pressão, sem medo, sem recuos. Que isso dure. Mando mensagem pra Laurex.

Juliana
| Tá aí? |
Laura
| Me liga |

— Oi, vizinha. — Ela já atende fazendo graça.
— Oi, tonta! Como você tá?
— Tô bem. O energúmeno não apareceu mais e já tô sofrendo menos. Talvez tenha sido melhor assim.
— Ah, se você não está sofrendo, está ótimo. A questão é: não está sofrendo mesmo?
— Eu odeio o tanto que você me conhece, Juliana. — Ela bufa e eu rio.
— Me mandou mensagem de madrugada falando dele e quer que eu acredite que não tá sofrendo?
— Eu não tô sofrendo muito, mas sinto falta dele. Saudade, sabe? E estar presa em casa não está ajudando. Se eu pudesse ir pra rua, estaria bem melhor.
— Mas não temos escolha.
— Pra você tá fácil, tá com o vizinho gato aí, né?
— Sou mesmo MUITO privilegiada. — Rimos. Nem posso negar que minha quarentena está boa. Pelo menos agora que nos acertamos.
— Sortuda.
— Nem tanto. Minha mãe ligou pro Vicente e ele está repensando a separação. Eu mereço?
— Eu não estou acreditando, Juba. Como assim? Ela ligou pra ele?
— Disse que ligou e que ele quer conversar.

– Não tem nada pra conversar, tudo já foi conversado. Não é possível que vai acontecer tudo de novo, Juliana. Eu vou te matar.

– Não vai acontecer tudo de novo. Eu prometo. Não quero mais. Não tem mais saída. Eu quero o Guto e ponto final.

– Santo Guto. Ainda bem que esse homem apareceu.

– Falando nele, preciso ir. Ele está me esperando.

Preparei uma mudinha de roupa e alguns itens de higiene pra levar pro Guto. Devo dormir por lá e não dá pra ficar usando as camisetas dele pra sempre, né? Ativo o "não perturbe" do celular para garantir. Não quero ser interrompida por mãe maluca ou ex alucinado. Quero só viver em paz a minha quarentena.

Chego no Guto e toco a campainha. Ainda não tenho intimidade pra chegar abrindo a porta. Ele abre rapidamente e está de avental, ou seja, trabalhando.

– Te atrapalho?

– De jeito nenhum. Vem. Eu já terminei por hoje. – Ele me puxa e me beija gostoso.

Entramos e vejo uma tela quase pronta. Nela há um fundo amarelo, umas formas geométricas estranhas e uns pontinhos azuis. Claramente abstrato. Não sei o que significa, mas saber que foi ele que fez já faz com que eu fique fascinada pela obra.

– Que lindo.

– Ainda não está pronto.

– Mas já está lindo.

– Você é suspeita pra dizer.

– Sou mesmo. Acho tudo que você faz lindo.

– Me diz se esse beijo é lindo também. – Ele me agarra.

Nem consigo responder. Ele, ainda me beijando, me leva pro quarto e lá embolamos os lençóis. Ele me devora inteira e não sou capaz de dizer nada além de seu nome.

– Guto...

Sua língua me desenha e seus dedos me esquadrinham. Vejo seu corpo suar sobre o meu e fecho os olhos para registrar a imagem na memória. Nunca senti algo assim, nunca foi tão intenso. Nunca foi tão vivo, tão ávido, tão entregue. Nunca foi assim, mas agora, com ele, é. Sou dele.

Depois de um banho compartilhado e quente, em todos os sentidos, vamos para a sala.

– Vamos pedir alguma coisa? Não quero a gente perdendo tempo na cozinha hoje, o que acha? – Gosto de como ele se importa com o que eu penso.

– Acho perfeito. Cozinha não é meu forte, se você bem sabe.

– Eu adorei o macarrão com molho quatro queijos.

– Mas aquele bife acebolado estava horrível.

– Estava bom, só não estava bonito.

– Não estava bom, Guto. Estava aceitável. É diferente.

– Para de ser tão dura com você. Estava bom, sim. – Ele me beija de novo e me puxa pro pufe.

– O que vamos pedir?

– Pizza? Hambúrguer? Massa? Japonês? – Quando ele fala em japonês, fico com água na boca.

– Japonês. Vamos comer japonês. – Fico toda animada.

– Fechado. Vamos pedir.

Falamos sobre nossa paixão por sushi até o interfone tocar. Nem demorou muito. Ou eu não vejo o tempo passar quando estou com ele. Não sei dizer. Ele atende e faz uma cara estranha.

– O que foi? Algum problema?

– Não é Seu João que está na portaria.

– Será que aconteceu alguma coisa com ele? – Meu coração até aperta.

– Acho que não, devem ter conseguido alguém para cobrir a dupla jornada dele. Amanhã vou falar com a síndica pra saber mais.

– Verdade. Deve ser isso mesmo. Ele estava muito cansado.

– Vou lá pegar nossos sushis e já volto.

Ele volta e nos deliciamos com a culinária oriental. Não sei quem foi o gênio que criou isso, mas não existe nada melhor. Tudo foi acompanhado de saquê. Ao fim da refeição, já estou soltinha. Que o gin não sinta ciúmes. Viva o gin!

Continuamos a conversar noite adentro e, quando ele vai ao banheiro, espio o celular. Tem seis ligações perdidas do Vicente. Está mesmo acontecendo. Ele está mesmo atrás de mim. Meu coração aperta e tenho vontade de chorar. Não quero mais discutir esse casamento falido. Não quero mais falar sobre esse relacionamento. Não quero mais. Guto volta e me tira do devaneio.

– Está tudo bem? Você está pálida.

– Está sim. Acho que foi o saquê.

– Vou pegar uma água pra você. Espera aqui.

Ele sai e eu guardo o celular. Vicente pode ligar um milhão de vezes que eu não vou atender. Ele não vai estragar nem mais um dia da minha vida. Guto volta com a água e me dá o copo enquanto se senta ao meu lado de novo.

– Sua mãe ligou de novo? – Droga, ele me viu no celular.

– Não. Falei com ela essa tarde. Está tudo bem. – Odeio mentir, mas não posso falar pra ele o que está acontecendo.

– Que bom...

Do nada, começo a chorar. São lágrimas de alegria por estar com ele, mas também são de medo pelo que está por vir. Não quero Vicente na minha vida de novo. Não quero Guto assustado. Não quero minha mãe se metendo na minha vida. Respiro fundo quando ele está terminando a linda música. Ele deixa o violão de lado e vem me abraçar. Está claro que tem alguma coisa e não sei o que fazer.

– O que aconteceu, Juba? Você pode confiar em mim. – Ele beija o topo da minha cabeça.

– Eu sei que posso. Só estou um pouco cansada.
– Cansada de quê? – Não sei se devo falar.
– De tudo. Dessa vida louca. Dessa quarentena.
– Eu entendo, mas está acontecendo alguma coisa? – Ele já está falando diferente. Não posso espantá-lo agora.
– É que a minha mãe está muito assustada e acaba colocando pressão em mim, mas nada que não possa ser resolvido. – Ele respira fundo. Acho que engoliu.
– Sei como é. A minha também está surtando. – Ele me beija e me puxa para seu colo.
– Ela está preocupada, é normal, né? Acho que, nesse momento, ninguém está muito bem. – Falar de maneira genérica me faz tão mal. Eu o estou enrolando e isso me incomoda tanto.
– Tá todo mundo assustado com o que pode acontecer, mas vai ficar tudo bem, Juba. Com você aqui comigo, sei que vai ficar tudo bem. – Ele é tão lindo.
– Vai ficar tudo bem, Guto.
– Vai ficar tudo bem, Juba. – Ele me beija e eu relaxo. Vai ficar tudo bem mesmo.

Ele colocou um filme da Netflix, mas adormeço em seu peito. Abraço-casa. Quando acordo, percebo que estou em sua cama e já entra luz pela janela. Ele dorme ao meu lado e seu braço está jogado em volta da minha cintura. Ele está sempre enrolado em mim. Impressionante. Não me mexo, não quero acordá-lo. Penso em tudo o que aconteceu ontem e me dá um nó na garganta. Vicente nunca me ligou tantas vezes na vida. Por que as coisas têm que ser assim? Agora que estou feliz o infeliz resolve voltar? Ele não vai estragar tudo. Eu não vou deixar.

CAPÍTULO 9

*Se o seu coração é vela,
recolha as âncoras*

Monika Jordão

Juliana, para com isso agora! Eu estou na cama com esse homem incrível e pensando no Vicente por quê? Nem faz sentido. Eu preciso me acalmar. Acho que vou tomar um banho. Preciso pensar. Me desvencilho de Guto com cuidado e vou pro banheiro. O banho me faz bem. Quando termino tudo e chego no quarto, a cama está vazia. Sinto o cheiro de café e sorrio. Ele é perfeito. Vou correndo até a cozinha e o encontro com a caneca nas mãos.

– Ah, você saiu do banho antes da hora. Ia levar o café até a cama. – Ele me dá a caneca e pega a dele.

– Não tem problema. Só preciso de você e de café. – Ele me beija.

– Viva o café!

– Viva o café!

De repente ouvimos meu nome no corredor.

– Dona Juliana? Dona Juliana?

Guto me olha sem entender. Eu também não estou entendendo. Não reconheço a voz. Quem será? Quem me chamaria de "dona"? Guto rompe o silêncio.

– Melhor ir lá ver o que está acontecendo. – Dou de ombros e vou até a porta. Guto me acompanha e, quando abro a porta, ele abraça minha cintura.

De costas, parado na minha porta, está um senhor que nunca vi na minha vida. Ele veste um uniforme e não entendo.

– Oi. Eu sou a Juliana. – Dou um sorriso, mas entro em pânico quando ele se vira. Em suas mãos há um enorme buque de tulipas e nem preciso ler o cartão para saber quem mandou. Vicente.

Estou sem ação. Não sei o que dizer para esse senhor plantado na minha frente e não consigo olhar pra trás e encarar Guto. Ele não desfaz o abraço e isso me alivia. O senhor vem em minha direção e, muito sem graça, me entrega o buquê. Seguro minhas flores preferidas com mãos trêmulas e agradeço.

– Obrigada! – Não sei dizer mais nada.

Ele entra no elevador e desce. Eu continuo parada, encarando as flores. Guto entra e me puxa com delicadeza. Dou dois passos pra dentro e ele fecha a porta. Continuo encarando as flores, mas estou desesperada pensando no que dizer. Como explicar que meu ex-marido resolveu me mandar flores porque minha mãe falou com ele? Como explicar que ele quer reavaliar nossa separação? Como explicar? Como?

– Essas flores não são obra minha. – Guto fala desconfortável e tudo o que eu queria é que fossem obra dele.

– Eu sei que não. – Dou mais dois passos e coloco as flores na bancada. Quero gritar, chorar, arremessá-las da janela. Picotar o cartão que ainda nem li. Quero jogar tudo pro alto. Quero mandar todo mundo à merda.

– Está tudo bem? – Minha cara entrega e não posso mentir.

– Na verdade, não. – Cubro o rosto com as mãos.

– O que aconteceu, Juba? Quem mandou as flores? – Ele chega mais perto de mim.

– Acho que foi o Vicente. – Continuo com o rosto coberto.

– Seu ex-marido?

– É. O próprio.

– Isso mexe com você?

– Isso me incomoda. Não quero uma reaproximação.

– E ele quer?
– Ele me mandou tulipas.
– Isso quer dizer, necessariamente, reaproximação? – Eu conheço o Vicente.
– Ele só me dava flores em datas especiais ou para pedir desculpa.
– Entendi. Talvez você encontre a resposta no cartão. – Tenho até medo desse cartão.
– Não sei se eu quero ler. – Ele se aproxima e me abraça.
– Faça o que você preferir. Quer ficar sozinha? – Eu não deveria, mas quero chorar e não quero fazer isso na frente dele.
– Acho que eu quero. Me dá dez minutos? – Ele beija minha cabeça e vai pro quarto.

Quando ouço a porta fechar, deixo o choro vir. Dói. Dói pensar que eu desejei muito essa movimentação anos atrás e que fui desprezada. Dói saber que ele quer me agradar quando me desagradou tantas e tantas vezes. Dói saber que tudo isso é obra da minha própria mãe e que ela quer me ver ao lado de um homem como ele. Dói saber que, provavelmente, Guto está no quarto criando várias paranoias e que vai recuar mais uma vez. Dói. Tudo dói. Vicente não tem o direito de querer reviver uma história que está morta. Ele não pode mandar flores como se ainda fôssemos casados. Ele não pode mais interferir na minha vida. Eu sei o que quero. Eu sei. Eu sei, né?

– Vou até as flores e pego o pequeno cartão. Seguro-o nas mãos por alguns segundos e respiro antes de abrir. As palavras aqui escritas podem desencadear muita coisa ruim e sinto medo. Muito medo. Abro e tiro o papel do envelope. Meu olhos queimam. Ele não tem esse direito.

Princesa,
Nos precipitamos na decisão da separação. Precisamos conversar.
Me liga!
Ainda te amo e vou lutar por nós dois.
Vicente.

Não. Não. Não. Não. Não. Não. Não. Não. Isso não está acontecendo.

Eu lutei por nós dois por anos e ele quer lutar justo agora? Eu me submeti às piores humilhações para tentar chamar sua atenção e ele me aparece com flores para se redimir? Não. Eu não o amo mais e nada vai me fazer insistir em algo que já acabou. Ninguém vai me obrigar a seguir um caminho que não é meu. Não vou permitir isso. O que sinto por Guto é valioso e não desperdiçarei a chance de ser feliz para agradar quem não me quer bem.

Vou até o quarto e encontro Guto deitado encarando o teto. Um mundo de medos passa pelos seus olhos e me dói, de novo, saber que causei tudo isso. Chego mais perto, ele me encara e expressa pesar. Novas lágrimas nascem em meus olhos; ele se levanta num rompante e me abraça. Choro e ele me aperta no abraço-casa que só ele sabe me dar.

– Me desculpa. – Não quero que ele se afaste. Não quero que saia de perto de mim.

– Você acha que precisa se desculpar?

– Não quero criar um problema.

– Seu ex te mandou flores. Isso é um problema? – Ele parece compreensivo, mas essas perguntas me confundem.

– É. Eu não quero ele perto de mim.

– Se você não quer, ele não vai chegar perto de você.

– Já está chegando, Guto. Mandar flores é só o primeiro passo.

– Ele ainda mexe com você?

– Não. Fomos casados por muito tempo, mas o amor acabou. Eu não quero ter que discutir isso tudo de novo. Só isso.

– Então é só dizer isso pra ele. – E pra minha mãe e toda sua campanha. Guto não tem ideia de toda a avalanche que está por vir.

– Queria que fosse simples assim.

– É simples, Juba. A gente é que complica as coisas.

– Talvez você tenha razão.

– Talvez eu não tenha, mas quero que saiba que eu tô aqui, tá bom? – Como é bom ouvir isso.

– Promete?

– Não gosto de promessas.

– Essa não é uma promessa ruim, é?

– Qualquer promessa carrega expectativas e eu não gosto delas, lembra? – Morde... Assopra... Ele tem o poder de plantar insegurança em mim.

– Tudo bem, sem promessas. – Saio do abraço e pego minha roupa que está no chão. Ele percebe que fiquei incomodada e vem ao meu encontro.

– Hey, eu tô aqui. Não preciso prometer.

– Não precisa mesmo. Está tudo bem.

– Não está tudo bem, Juba. Dá pra ver. – Ele me puxa e me abraça.

– Não está, Guto. É minha mãe me controlando, Vicente mandando flores, você recuando mais uma vez. Pandemia, isolamento, medo... Não tá fácil, mas eu vou resolver tudo. Se você ainda estiver aqui, ótimo. – Saio do abraço e termino de pegar as minhas coisas.

– Eu não estou recuando, Juba.

– Tudo bem, eu entendi. Só não posso lidar com isso agora. É pressão de todos os lados. Tô cansada. – Vou pra sala.

– Juba, espera. Não quero que vá embora assim.

– Tenho uma montanha de problemas para resolver, Guto.

Queria que as coisas com você fossem mais leves... – Pego as flores e o cartão.

– Eu quero que as coisas sejam leves, Juba.

– Então me ajuda.

– Ajudo. Tô aqui, tá bom? Prometo. – Ele vem até mim, me dá um beijo doce e eu vou pra casa. Não queria essa promessa assim, forçada, de mentira. Mas não posso pensar nisso agora.

Chego em casa e jogo as flores no lixo. Amo tulipas, mas essas estão me fazendo mal. Ligo pra Laura. Sem nem mesmo mandar mensagem antes.

– Tava chorando? O que aconteceu? – Ela me lê em um segundo.

– Vicente aconteceu.

– O que o infeliz fez dessa vez? – Laura odeia Vicente.

– Me ligou seis vezes ontem. Estava no Guto. Não atendi.

– Fez muito bem. Não atende.

– Acontece que ele mandou um buquê de flores hoje cedo.

– Eu não estou acreditando.

– Nem eu. O porteiro bateu na minha porta, mas estava no Guto. Fomos ver o que era e eram as tal flores. Fiquei desesperada.

– Guto viu?

– Viu. Ficou tudo estranho. Foi pro quarto e eu chorei litros.

– Ele te deixou sozinha? – Ela fica horrorizada.

– Não. Ele perguntou se eu queria ficar sozinha e eu disse que precisava de dez minutos. Não dava pra desabar na frente dele, né?

– E desabou por quê? Por que Vicente mandou flores? Joga essa merda no lixo e vai ser feliz.

– Já joguei. No cartão ele diz que ainda me ama e que vai lutar por nós dois. Dá pra acreditar? – Volto a chorar.

– Ainda te ama? Lutar por vocês? Ele perdeu o juízo? Esqueceu tudo o que aconteceu? E você, engole esse choro agora mesmo. Ele não vale tudo isso.

— Eu sei que não, mas só de pensar que vou ter que discutir tudo de novo, entro em pânico. Foi tão difícil.
— Eu sei, mas agora você está mais forte e tem o Guto.
— Será que eu tenho? Ele disse: "Estou aqui" e eu perguntei: "Promete?". Ele disse que não gosta de promessas porque criam expectativas.
— Errado não está, né?
— É, mas me deixa insegura.
— Juba, vocês estão se conhecendo, não dá pra querer que o cara te prometa mundos e fundos.
— Eu só queria ter a segurança de saber que ele está comigo nessa.
— Não dá pra ter segurança em tudo na vida. Se ele não estiver com você, azar o dele também. O importante é você estar bem.
— Mas eu não estou.
— Mas vai ficar. Assim que mandar Vicente pro inferno. — Rimos. Laura é maluca.
— Não queria nem falar com ele, mas ele pediu pra ligar.
— E você não precisa obedecer.
— E eu faço o quê? Fico ignorando as ligações e recebendo flores? Ele é doido. Vai acabar aparecendo aqui. Preciso colocar um ponto final nisso.
— Já sei. Manda uma música pra ele.
— Ele não é o Guto, Laurex. Não vai entender.
— Claro que vai. Não é burro.
— Eu nem sei o que mandar. — Ela começa a rir.
— Mas eu sei. Manda "Aqui", do Felipe Artioli.
— Eu nem sei que música é essa.
— Confia ou não confia em mim? Ouve a música e manda.
— Tá bom. Vou fazer isso. Te ligo depois.

Não sei o que seria da minha vida sem Laurex. Como eu amo essa maluca.

Abro o Spotify e ouço a música destinada ao Vicente. Choro. Essa música representa tanto o que senti durante nosso fim. Me anulei, me escondi, me fechei, não vivi. Ele não vai entender a profundidade disso, mas quero que ouça. Quero que fique confuso. Quero que se martirize. Eu não vivi nada nesses novo anos e agora quero viver. Guto. É com Guto que quero viver.

Ouço "Deixa Rolar", do Malt, pra aliviar e sorrio feito boba. Quero deixar rolar. Quero que Guto me roube. É isso. Não quero mais sofrer. Chega. É hora de ser feliz. Custe o que custar.

Abro o celular e mando cada música para seu respectivo destino. Só a música, mais nada. Respiro aliviada e vou preparar um café. Viva o café! Mal consegui tomar no Guto, as tulipas atrapalharam o momento. Sinto o perfume do café preencher o ambiente e me sinto bem. Acolhida. Não quero mais confusão. Quero essa calmaria. Meu café, a casa vazia, Guto ao meu lado, paz. Não vou deixar ninguém estragar isso.

Volto pra sala e pego o celular. Tem mensagem dos dois e eu já esperava por isso. Guto é minha prioridade.

Augusto
| Linda música |

Só isso? Achei que ele ia ficar mais animado. É, ele vai recuar. Vai se afastar. As flores atrapalharam tudo. Deixa eu ver o que Vicente mandou, depois volto pros braços do Guto e fica tudo bem.

Vicente
| Te roubo, Princesa. Vamos deixar rolar |

Eu não posso ter feito isso. Eu mandei as músicas trocadas. Não. Não. Não. Não. Não. Não. Não. Não. Não. Não. Não. Não. Eu não posso ter feito isso. Guto me viu receber flores do Vicente, eu tive um surto e agora mandei uma música de fim. O que ele deve estar pensando? Se ele não ia recuar antes, agora, com certeza, vai. O Vicente, incentivado pela minha mãe, quer repensar o fim do casamento e eu mandei uma música de "Deixar rolar". Tá achando que eu o quero de volta. Tudo errado. Eu fiz TUDO ERRADO e não tenho a menor ideia de como sair disso. Os dois sabem que sou atrapalhada, mas dizer que troquei as músicas é patético demais até pra mim. Laura. Preciso da Laura. Ligo sem mandar mensagem. É muito urgente.

– Mandou as músicas? – Ela está animada.

– Mandei.

– Boa, garotaaaaa.

– Mas mandei errado, Laura.

– Como assim? – Ela já não está tão animada assim.

– Mandei a música de um pro outro.

– Você não fez isso, Juliana. – Ela começa a rir.

– Para de rir, Laura. É sério. Eu mandei a música do Artioli pro Guto e "Deixa Rolar" pro Vicente. Ele respondeu que vai me roubar e que vamos deixar rolar. Deu tudo errado.

– Ah, por que eu não estou surpresa, Juliana? Eu não devia ter dado essa ideia. Era óbvio que você ia se atrapalhar. – Ela continua rindo.

– Laura, eu estou desesperada. Para de rir.

– Tenho minha parcela de culpa, mas agora não tem muito o que fazer, Juba. Você vai ter que falar com eles. Não tem jeito.

– Vicente deve estar todo animado com algo que não vai acontecer, mas minha preocupação é com o Guto. Ele é todo cheio de traumas. Vai se afastar de mim.

– Calma. Você não sabe como ele vai reagir. O que ele fez quando você mandou a música?

– Respondeu que era linda, mas só isso. Frio. Seco. – Começo a tremer. Não sei como sair disso.

– Então calma. Você pode dizer que achou a música bonita e quis mostrar pra ele.

– Logo depois de receber flores do Vicente? Depois de ter discutido por causa da tal promessa? Não vai colar. Ele não é burro.

– Então fala a verdade. Que você ia mandar pro Vicente e mandou pra ele.

– Ah, claro. Dizer que confundi ele com meu ex será, realmente, um alívio pro Guto, né?

– Juba, você não tem muita saída. Ou você enrola o Guto ou fala a verdade. Nenhuma delas é ideal. A cagada está feita.

– Você não está ajudando, Laura. – Começo a chorar. Como eu fui capaz de fazer isso?

– Juba, não é o fim do mundo. Você trocou as mensagens. Fala a verdade pros dois e segura a bronca. Calma, não chora assim. Vamos resolver isso juntas. Vamos escolher as músicas certas dessa vez e mandar pra eles. Pronto.

– Não. Chega de mandar recado com música. Não deu certo. Vai confundir ainda mais e eu sou bem capaz de trocar de novo. – Ela segura o riso.

– Então conversa com eles. Guto primeiro. Quando estiver tudo certo com ele você vai ter calma pra resolver com Vicente. – Uma segunda chamada toca.

– Ah, não. Agora lascou. Minha mãe está me ligando.

– Será que Vicente já falou com ela?

– Bem capaz. Deixa eu atender e resolver isso. Te ligo depois.

– Tá bom. Vou preparar a pipoca. – Ela ri de novo.

– Te odeio.

— Te amo.

Desligo com Laura e respiro fundo. Queria um gin, mas ainda é meio-dia. Encaro o celular vendo o rosto da minha mãe piscar. Não vai ser uma conversa fácil. De novo.

— Alô. – Não consigo dizer mais do que isso.

— Bom dia, Juba. Já almoçou? – Não tenho nem apetite pra isso.

— Ainda não, mãe. Acordei há pouco. – Levanto a caneca de café pra ela ver.

— Já te disse que esse tanto de café que você toma ainda vai te dar uma gastrite. – Meu Deus, ela quer controlar até o meu café?

— Não se preocupe com meu café, mãe. Está tudo bem aí com vocês?

— Está, sim. Seu pai lava a casa todos os dias com álcool em gel. Está gastando a aposentadoria toda com esses tubos. – É a cara do meu pai fazer isso.

— O importante é vocês estarem seguros.

— E você? Como está? Bem? Feliz? – Pronto. Vicente falou mesmo com ela.

— Estou cansada, na verdade.

— Cansada de quê? Não está de férias? – Ela acha que me engana.

— Estou cansada da vida, mãe. Dos problemas.

— Então resolva-os. É simples. – Ela dá um sorrisinho.

— Aí é que está o problema. As pessoas estão tentando resolver por mim e os problemas só aumentam. – Estou quase explodindo.

— Não estou entendendo, Juliana. Achei que você mesma estivesse querendo resolver.

— Eu já tinha resolvido tudo, mas você foi falar com o Vicente e ele me mandou flores querendo falar sobre o casamento. Esse é o problema.

— Ah, o Vicente é um príncipe mesmo. Isso não é o problema, filha, é a solução. – Ela sorri.

– Solução pra quem, mãe? Pra você? Pro Vicente? Porque pra mim isso é só um problema. Dos grandes. – Eu vou perder a paciência.

– Juliana, não estou entendendo. Você não quer deixar as coisas acontecerem? – Vicente falou da música pra ela. Não acredito que a troca das mensagens já chegou a esse nível.

– Não, mãe. Eu não quero. Eu mandei uma música pro Vicente por engano e ele já te ligou para contar, né?

– Claro que não, Juliana. O Vicente não é assim.

– É claro que é. Eu te conheço bem e conheço ele melhor ainda. São cúmplices nisso tudo.

– Juliana, não fale assim. Até parece que cometemos um crime.

– E cometeram, mãe. Vocês estão invadindo a MINHA vida, querendo decidir o MEU futuro e INFERNIZANDO a minha quarentena. Isso sem pedir MINHA permissão. Pra vocês, não importa o que eu sinto ou o que EU QUERO, né? – Pronto. Perdi a linha e já levantei o tom de voz.

– Filha, você está confusa. A mãe está tentando ajudar. É com a melhor das intenções.

– Eu sei, mãe, mas ENTENDA. Você NÃO está ajudando. Você está INTERFERINDO na minha vida sem a MINHA autorização. Eu NÃO SOU mais uma criança. EU MESMA tomo as minhas decisões e o fim desse casamento é uma DECISÃO TOMADA. Você precisa aceitar isso. DE UMA VEZ POR TODAS.

– Não precisa gritar. O seu casamento é uma coisa sua e do Vicente.

– Aí é que tá, mãe. Isso estava resolvido, mas você foi falar com ele e agora tenho que discutir tudo de novo. Ele quer "lutar por nós" e eu não quero que ele lute por nada. – Volto a chorar.

– Juliana, calma, filha. Ele é um bom rapaz, está tentando salvar o casamento. Vocês faziam um casal tão bonito.

— Mãe, meu casamento não era nada bonito. Não era feliz. Não tinha amor. Você consegue entender? Eu quero ser feliz. O Vicente não me fazia feliz, mãe. Nunca fez. Por favor. Para de incentivar isso. Acabou. – Choro ainda mais.

— Filha, não chora. A mãe... – Ouço meu pai interrompê-la e falar ao fundo.

— Juliana está chorando por quê? Me deixe falar com ela. – Minha mãe passa o telefone pra ele.

— Oi, Pai.

— O que aconteceu, Juba? Minha menina está chorando por quê? – Quando eles vão entender que eu não sou mais uma menina?

— Você sabe por que, pai. A mãe e o Vicente resolveram que eu não devo mais me separar. Eu não aguento mais todo mundo querendo decidir a minha vida. – Eu choro tanto que pareço mesmo uma criança.

— Que história é essa? Carmem! – Pelo visto minha mãe saiu de fininho e meu pai não está sabendo de nada. Agora teremos confusão lá também. Que ótimo! Tá de parabéns, Juliana.

— Ah, pai. Ela falou com o Vicente, eles acham que devemos reconsiderar a separação, mas eu já estou decidida. Não quero mais. Vicente mandou flores, disse que ama e vai lutar. Não quero luta nenhuma, quero viver minha vida em paz. É pedir muito?

— É que sua mãe considera Vicente um filho, Juba. Mas ela não pode interferir assim.

— Mas eu não considero ele marido, pai. Se ela quiser, pode adotá-lo. – Ele ri e eu também. As coisas com meu pai são mais fáceis.

— Eu vou conversar com ela, está bem? Se acalme. Pare de chorar. Se você não quer mais, não quer mais e pronto. – Pareceu até o Guto falando.

— Esse casamento não foi feliz, o final dele foi um inferno e eu não quero reviver nada disso. Eu estou bem sozinha. Pela primeira vez na vida estou tomando as minhas decisões, pai. Só quero ser respeitada.

— E será. Eu vou conversar com a sua mãe e com o Vicente, se for preciso. Fica calma, Juba. Toma um cafezinho. — Meu pai é igual a mim. Quer dizer, eu sou igual a ele.

— Vou ter que falar com Vicente, pai. Vou ter que resolver isso, mas conversa com Dona Carmem. Pede pra ela não interferir mais, tá?

— 'Xá comigo. — Meu pai tem um vocabulário todo dele.

— Tenho que ir, pai. Obrigada pela força.

— Fica com Deus, Juba.

— Te amo, pai.

— O pai também ama você. — Meu pai é tão amoroso. Queria guardar ele num potinho.

Estou mais aliviada depois de falar com meu pai, mas os problemas estão todos aí. Não falei com o energúmeno do Vicente e não expliquei nada pro Guto ainda. Ele é minha prioridade, mas não sei como dizer. Vou tomar um banho pra aliviar os pensamentos.

No chuveiro penso em todas as possibilidades. Fingir que era só uma música bonita. Falar a verdade e assumir que aquela música era destinada a Vicente. Dizer que era pra Laura. Dizer que o celular está maluco. Dizer que fui hackeada. Fingir que nada aconteceu. Nada. Nada parece bom o suficiente. Eu não respondi o "Linda música" que ele mandou e ele também não se manifestou mais. Não sei se é um bom sinal ou um péssimo presságio. Não sei se vou lá direto, se ligo ou se mando uma mensagem. Um emoji? Outra música? Compro um bolo? Faço aquele macarrão? Meu Deus, eu tô muito perdida.

Saio do banho e faço todo o ritual. *Skin care*, cremes pelo corpo, hidratação no cabelo e gin. Já são cinco horas da tarde. Já posso tomar um gin. Viva o gin. É dele que eu preciso para ter a coragem de fazer o que é preciso. Não tem jeito. Vou ter que ser sincera com Guto. Estou apavorada com a possibilidade de afastá-lo de novo. Estou com medo do medo dele. Estou angustiada com a dor que eu causei. Gin & Laura. A combinação perfeita.

– E aí, resolveu?
– Ainda não. Só falei com a minha mãe e com meu pai.
– E já está no gin, né?
– Preciso dele. Vou encarar o Guto daqui a pouco.
– Se falaram?
– Não, mas tenho que falar alguma coisa, né? Vou ser sincera.
– Isso. Vai lá e fala tudo olhando nos olhos dele. Ele vai ver que você está sendo sincera.
– Essa é a ideia, mas tô com medo.
– Vai com medo mesmo. Não fazer nada é pior. Assume que errou e se desculpa. Foi só uma mensagem trocada.
– Ai, chegou uma mensagem. – Meu coração dispara.
– Do Guto? O que ele diz?
– Não. Do Vicente.

Vicente
| Princesa, te mandei um presente. Me liga quando chegar |

– O que ele diz? – Laura está apreensiva também.
– Olhe você mesma. – Mando o print pra ela.
– Ah, não posso acreditar. Mais flores?
– Não sei. A tal encomenda não chegou ainda. Ai, Laura. Eu vou matar o Vicente. Juro. Ouço meu nome.
– Dona Juliana! Dona Juliana. – Entro em pânico. Ele não está batendo na minha porta. Está batendo na porta do Guto.
– O que é isso, Juba?

– O porteiro. Deve ser o presente do Vicente e ele está batendo lá no Guto. Não podia piorar, não é mesmo?
– Corre lá!
Quando abro a porta, vejo Guto apontando pra mim.
– Aquela é Dona Juliana. – O porteiro se desculpa e vem na minha direção. Guto está com o olhar triste e fecha a porta em seguida.
Entro em casa com uma enorme cesta. Dentro vejo vinho, chocolates e uma urso de pelúcia. Abro o cartão e leio "Vou te roubar e seremos felizes para sempre. Te amo. Me liga". Não sei se tremo pela esperança que dei a ele ou pelo olhar triste que vi no rosto do Guto. Meu celular apita e corro pra pedir ajuda pra Laura, mas não é ela. É uma mensagem dele. Guto.

Augusto
| Agora entendi a música que me mandou mais cedo. Não sei bem o que dizer, então lhe envio outra |
| "Revoada", de Felipe Macedo |

Em um lampejo
Sem declarar
Tudo se perde na revoada
Imensidão
Um céu disposto
A me mostrar que às vezes não há nada
Será que vai fazer sentido?

Ainda me lembro de quando ele disse "Você faz sentido". Com essa música, diz: "Será que faz?". Estou perdendo Guto. E dessa vez é sério.
Ouço a música várias vezes para ter certeza de que Guto está desistindo de mim. Ele está. E dói. Dói porque eu sei que ele tem

medo e toda essa situação com Vicente não ajuda em nada. Eu não ajudo, né? Não fui firme quando deveria. Não passei a segurança que precisava passar. Não disse o que sentia. Como posso querer exigir dele uma posição que eu mesma não tenho? Estou determinada a bater na porta dele quando o celular toca. Meu coração se enche de esperança, mas por pouco tempo. Quem liga é Vicente. INFERNO!

– Oi, Princesa. – Ele tá com a voz mansa.

– Vicente, por favor. Para de mandar coisas pra minha casa.

– Nossa, que recepção calorosa. – Ele é cheio das ironias.

– Eu tô falando sério.

– Bem que sua mãe disse que você não estava num boa dia.

– Eu estava tendo ótimos dias, até você e minha mãe decidirem que minha vida precisa ser diferente.

– Nós não decidimos nada, Princesa. Eu só estou repensando nossa separação e dividi isso com ela.

– Deveria ter dividido isso com a sua terapeuta e não com a MINHA MÃE. – Perdia a paciência.

– E eu dividi com a Lourdes também. Todos pensam como eu. Nós nos precipitamos.

– Não, Vicente. Ninguém se precipitou. Eu pensei muito antes de pedir a separação. Tenho certeza da escolha que fiz. – Não acredito que tenho que dizer tudo de novo.

– Mas você me mandou aquela música. Não tô entendendo. – Ah, a música trocada.

– Eu mandei por engano. Era pra Laura, mas foi pra você. Não quer dizer nada. – Na verdade, era pro Guto, mas não posso confessar tudo assim.

– Juba, nada é por acaso. Seu subconsciente queria me dizer aquilo. – Ah, meu Deus.

– Não, Vicente. Ele não queria. Pode apostar.

— Princesa, você está confusa. Eu entendo. Essa quarentena está mexendo com a cabeça de todo mundo. Eu te conheço, sei que está difícil ficar sozinha aí.

— NÃO. Você não me conhece. Ninguém me conhece. E está ótimo ficar sozinha aqui. É assim que eu quero continuar. Entendeu?

— O que você tem? Está de TPM? — Agora ele me tirou do sério.

— NÃO, VICENTE. EU ESTOU CUIDANDO DA MINHA VIDA E ELA NÃO INCLUI MAIS VOCÊ E SUAS INTERFERÊNCIAS. NÃO É TPM. É "EU NÃO TE QUERO MAIS". FUI CLARA? — Estou aos berros.

— Você não está bem. Toma o vinho que mandei na cesta e come o chocolate. Nos falamos amanhã de novo, quando você estiver mais calminha. — Eu odeio o jeito que ele fala comigo.

— VICENTE, PARA DE ME TRATAR COMO UMA CRIANÇA BIRRENTA. Não tem vinho ou chocolate que me façam mudar de ideia. Nosso casamento acabou. A-CA-BOU!

— Juba, ainda somos casados. Nada acabou. Estamos em casas separadas há, o que, dois meses? Ainda podemos resolver as coisas.

— NÃO TEM O QUE RESOLVER, VICENTE. PELO AMOR DE DEUS. ESTÁ RESOLVIDO. ESTAMOS SEPARADOS.

— Mas ainda não assinamos nada, Juba. Eu já pedi pro advogado segurar os papéis um pouco. Nós precisamos conversar antes de colocar um ponto final na nossa história. — Não é possível.

— ENTÃO VOCÊ LIGA PRO SEU ADVOGADO E MANDA ELE ACELERAR ESSES PAPÉIS PORQUE EU NÃO QUERO MAIS SER CASADA COM VOCÊ.

— Você não precisa falar assim. O que você quer? Me magoar?

— Vicente, presta atenção. Eu não quero magoar ninguém. Eu só quero viver minha vida em paz. Será que é possível? Você pode, POR FAVOR, me deixar EM PAZ? — Não consigo me controlar.

— Juba, você não está bem. Eu vou esperar você se acalmar. Quer o quê? Dois ou três dias? Está bom assim pra você?

– Ele não me respeita.

– Vicente, 20 ou 30 anos está ótimo pra mim. Está bom assim pra você? – Eu também sei ser irônica.

– Toma o vinho. É aquele que você gosta. Nos falamos outro dia. Boa noite pra você, Princesa. – Ele finge que não ouve. Desligo. Chega.

O que está acontecendo com a minha vida? Quando foi que eu perdi o controle assim? Pego uma taça de gin e sento no chão da sala. Guto não vê mais sentido em mim. Vicente vê sentido num casamento falido. Eu me vejo perdida e sem rumo. Gin. Preciso de Laura.

– E aí? – Ela também está bebendo.

– Está tudo um caos.

– Falou com o Guto?

– Não, Guto viu a entrega e me mandou uma música dizendo que não faz mais sentido. Estou perdendo o Guto, Laurex. Pra valer. – Dou um generoso gole no gin.

– E não foi falar com ele?

– Eu ia, mas bem na hora o Vicente ligou.

– E você não foi no Guto pra atender o Vicente, Juliana? Sério?

– Eu estava nervosa. Precisava descontar tudo em alguém e o Vicente merecia.

– Não, Juliana. Você não tem que descontar nada em ninguém. Você tem que resolver as coisas e não resolveu. Guto está do outro lado da parede desistindo de você e a senhora decidiu atender o infeliz do seu ex-marido.

– Não adianta eu ir no Guto e Vicente ficar ligando e mandando mil presentes pra minha porta. Eu tinha que dar um basta nisso.

– E deu?

– Mais ou menos. Ele fingiu demência. Disse que liga em alguns dias. Quando eu estiver mais calma.

— Tá vendo? Vicente sempre fez isso. Quando você aperta, ele espana.

— Ele perguntou se estou de TPM. Dá pra acreditar?

— Ele é muito escroto. Não aceita que você tome as decisões. Culpa os hormônios, mas não respeita as suas escolhas.

— Eu fiquei transtornada. Gritei com ele e tudo o mais. Aí disse que me liga quando eu estiver mais "calminha".

— Babaca. Você precisa acabar de uma vez com isso. Sério.

— Ele disse que pediu pro advogado segurar os papéis um pouco. Eu não aguento mais isso.

— Juliana, contrata você um advogado e cuida disso. Não dá pra deixar mais nada na mão dele. Você precisa cuidar da sua vida. De todos os detalhes. Porra. Não dá mais pra culpar os outros.

— Eu não preciso de sermão agora, Laura.

— Precisa, Juliana. Precisa de um chacoalhão. Você está perdendo o controle das coisas.

— Eu sei, e você é a única pessoa que pode me dar colo, mas escolheu esculhambar. Que ótimo. Era tudo que eu precisava mesmo. Obrigada! — Volto a chorar.

— Juba, desculpa. Eu tô aqui pro colo também, mas não posso deixar você se perder de novo. Quero te ver bem. Quero te ver feliz. Quero te ver decidindo as coisas.

— E eu tô decidida, Laura. A questão é que, nesse exato momento, eu não preciso levar uma bronca. Eu preciso de apoio.

— E o que eu estou fazendo é te apoiar. Você quer alguém para passar a mão na sua cabeça? Esse alguém não sou eu. Nunca fui.
— Porra. Será que ela pode me ajudar só um pouquinho?

— Muito obrigada, Laura. Eu não queria que você passasse a mão na minha cabeça, só queria um pouco de carinho e apoio, mas estou vendo que você não tem isso pra me dar hoje. Tudo bem. Eu me viro sozinha.

– Você ainda não entendeu que o melhor apoio e carinho que eu posso te dar agora é dizer, justamente, o que você precisa ouvir?
– Então eu já ouvi. Tem mais alguma coisa pra dizer?
– Juliana, não é hora disso. Agora você só precisa agir.
– Agora você também vai me dizer o que eu tenho que fazer? Era só o que me faltava mesmo. – Eu tô, literalmente, sozinha nessa.
– Ok. Você está nervosa. Vamos acalmar os ânimos? – Está recuando.
– Vai perguntar se estou de TPM também? – Perdi o controle. Mais uma vez.
– Juba, eu não quero brigar com você. Por favor.
– Estava brigando comigo até agora. Todo mundo quer brigar, mas, quando eu brigo de volta, ninguém quer ouvir. – Qual é o problema comigo?
– Juba, por favor.
– Esquece. Vou ficar aqui com meu gin. A gente se fala amanhã, tá bom? – Não aguento mais.
– Juba, não faz isso.
– Já estou fazendo, Laura. Boa noite.
Ela faz uma cara de pesar, mas desligo. Não estou em condições. Que maravilha, Juliana. Você está de parabéns! Discutiu com a sua mãe, afastou o Guto, bateu boca com o Vicente e agora brigou com sua melhor amiga. Mais alguma cagada ou já está bom? Como eu posso ser tão perdida? Será que todo mundo é assim ou só eu perco o controle da vida? Já é madrugada, estou cheia de gin na cabeça e não tenho sono nenhum. Guto deve estar no milésimo sono e nem posso bater na sua porta. Vou pedir umas coisas pro café da manhã e vou lá bem cedo tentar corrigir as coisas com ele. Laura tem razão, eu tenho que resolver as pendências e ele é minha prioridade. Não posso arrumar mais problemas, agora preciso de soluções.

Pego mais gin e passo a madrugada vendo vídeos inúteis no YouTube. Quando o dia começa a clarear, faço um café e vou até a varanda. É bonito ver um novo dia nascer assim. Estou exausta, confesso, mas nada vai estragar o dia. Vou conversar com Guto, expor tudo o que sinto. Dizer toda a verdade. É disso que eu preciso. Quando estivermos bem, vou ter clareza para resolver todo o resto. Hoje o dia vai ser bom e produtivo. Dou um sorriso e encho o peito de esperança. Até baterem na porta.

O *toc-toc* me tira da varanda e pensar que pode ser Guto me dá palpitações. Um papel é jogado por debaixo da porta e ninguém, além dele, faria isso. A folha não tem cor ou um desenho bonito. Traz apenas um texto breve e não imagino Guto me mandando uma carta impressa. Quando vejo o logo do condomínio no cabeçalho, entendo que aquele papel nada tem a ver com o vizinho. Leio e sinto o peito apertar. Eu estava enganada. O dia não vai ser bom.

Caros condôminos,
Seu João, nosso porteiro, foi diagnosticado com covid-19 na última semana. Ele está hospitalizado. O caso inspira cuidados, mas ele não corre risco de vida. Contratamos um novo porteiro e adotamos novas medidas de segurança.
Pedimos que todos fiquem dentro de seus apartamentos e não usem as dependências do prédio sem necessidade. Uma empresa fará uma limpeza das áreas comuns amanhã.

#Fiquememcasa
Atenciosamente,
Mara Lúcia Velasques

Não. Seu João doente, não. Isso não pode estar acontecendo. Não, não é possível. Tremo com o comunicado nas mãos e choro.

Uma noite não dormida, muito gin e uma notícia ruim, muito ruim me deixam em desespero. Vicente, Guto, Laura... nada importa. Alguém de quem eu gosto muito está doente e eu me sinto completamente perdida. Saúde, nada é mais importante que isso. Como estará a família dele? A esposa, os filhos. Ah, não. Isso não pode estar acontecendo. Escuto barulho no corredor e abro a porta na esperança de ser ele. E é.

Nós nos olhamos e nada é dito. Ele também segura o comunicado e está tão abalado quanto eu. Quero correr para os seus braços, mas a coragem me falta. As lágrimas escorrem silenciosas e ele cede.

– Anda, vem cá! – Não espero nem ele terminar de falar e corro para seus braços.

Ele me abraça apertado e choro descontroladamente. Seu João doente não é justo. Guto me leva para dentro e, ainda abraçados, nos sentamos no pufe. Choramos juntos por alguns minutos e ele beija minha cabeça vez ou outra. Rompo o silêncio.

– Não é justo, Guto. Ele estava trabalhando dobrado, tadinho. Qualquer pessoa nesse condomínio podia ficar doente, menos ele. Ele sempre tratou todo mundo bem. Ele cuida da família. Ele é carinhoso comigo. Agora está doente e sozinho num hospital e eu não posso fazer nada. Não é justo. Não é justo. – Ele faz um carinho.

– Calma, Juba. Calma. Seu João vai ficar bem.

– A gente não sabe se ele vai ficar bem, Guto. Imagina como está a família dele agora. Meu Deus! – Estou completamente descontrolada, mas não consigo pensar em mais nada. Só no Seu João.

– Calma, eu vou cuidar disso. A família dele não vai ficar desamparada.

Ele desfaz o abraço e, sério, olha pra mim.

– Você não dormiu, né? – Como ele pode me conhecer tão bem?
– Não. Eu não dormi. Eu estava planejando vir aqui conversar e dizer tudo o que sinto por você, mas a notícia do Seu João me tirou do sério. Nada é mais importante que ele agora. Eu estou preocupada. É sério. – Falo desembestada, acho que ainda estou um pouco alcoolizada.
– Calma, Juba. Calma. Vamos cuidar da família dele e ver o que podemos fazer com o hospital, está bem? Você precisa se acalmar um pouco. – Ele pega minha mão.
– Guto, eu passei a noite pensando em como minha vida está uma bagunça, mas agora, com esse papel nas mãos, vejo que não posso reclamar de nada. NADA. Seu João está doente e sozinho numa cama de hospital. Eu não me conformo. – Ele se levanta e me traz um copo d'água.
– É lindo ver como você se preocupa com ele. Eu também estou preocupado. A gente vai ajudar como pode, tá bem? Agora você precisa, mesmo, se acalmar um pouco. – Ele pega o celular.
– Eu gosto tanto dele. – Não é justo.
– Eu também gosto, Juba. Seu João é alguém muito especial e eu vou fazer o que puder para ajudar. Respira. Vai ficar tudo bem.
– É tudo o que eu quero, Guto. Que fique tudo bem. Eu estou tão cansada. – Não tenho forças para mais nada, mas, de algum modo, fico mais calma.
– Que poder é esse que você tem de me salvar, Guto?
– Será que salvo? – E a dúvida volta a nos assombrar.
– Salva, Guto. Você nem imagina o quanto. – Não dá mais pra esconder.
– Você também já me salvou várias vezes.
– Não quero mais esconder o que estou sentindo, Guto. Não aguento mais viver de aparências.
– Você não precisa me esconder nada. – Eu sei que preciso.

– Eu gosto de você, Guto. Eu gosto muito de você. – Pronto, falei!
– Eu também gosto...
– Mas...? Você acha que não faz mais sentido, né? Eu ouvi a música. – Maldita.
– Eu não sei, Juba. Eu só posso falar por mim.
– E para você eu não faço sentido? – Diz que eu faço, por favor.
– Você faz sentido. Você faz todo o sentido do mundo, Juba.
– Nós, Guto. Nós fazemos sentido.
– Anda, vem cá. – Ele me puxa e me beija.
– Eu amo quando você diz isso, sabia? – É tão bom ouvir essas palavrinhas.
– O quê?
– "Anda, vem cá." – O beijo de novo.
– Está anotado.

Ele deita no pufe e eu me aninho em seu peito. Eu não queria estar em nenhum outro lugar do mundo. Agora, minha casa é esse abraço. Fecho os olhos e sinto seu coração bater. É tão bom estar aqui. É tão bom estar perto dele.

Adormeço e, quando acordo, estou na cama de Guto. Já é quase meio-dia, devo ter dormido umas quatro horas. Estávamos no pufe, Guto deve ter me trazido pra cá, mas não me lembro disso. Briga com Vicente, briga com Laura, uma noite em claro, muito gin, o comunicado do Seu João, o abraço-casa. Lembro de ter dito que gosto dele. Lembro que ele me beijou. Estamos bem.

Eu me levanto, me ajeito e procuro por Guto. Não está na sala, não está na cozinha nem na varanda. Ou ele está no quarto não mais secreto ou saiu. Bato na porta do quarto e não ouço nada. Abro e a bagunça está no mesmo lugar. Meu quadro, tão lindo, também continua ali, mas agora a camisa azul, suja de verde, descansa ao lado dele. Sorrio, não tem como ignorar. Saio de lá e me preocupo. Guto não deveria ter saído. Onde pode ter ido? O comunicado diz para ficarmos em casa. O condomínio pode estar contaminado. Ele é do grupo de risco. Pego o celular e ligo pra ele, mas toca até cair na caixa postal. Vou até a cozinha e preparo um café. A ressaca está maltratando minha cabeça. Vou com a caneca fumegante até a varanda e sento no seu banquinho. Olho pra minha varada e me imagino ali, sentada na poltrona, com a taça de gin. Essa era a imagem que ele tinha de mim. Agora estou desse lado e não sinto falta nenhuma do lado de lá.

Guto ainda não voltou e estou mais preocupada. Pego e celular pra ligar pra ele de novo quando vejo uma mensagem de Laurex.

Laura
| Podemos conversar? |

Brigar com a melhor amiga é uma droga, né? Queria ter recebido um pouco de colo ontem, mas minha reação foi exagerada. Preciso me desculpar.

Juliana
| Podemos. Me liga |

– Boa tarde, esquentadinha. – Ela já começa com graça.
– Boa tarde, besta. – Rimos.
– Está onde? Essa não é sua varanda. – Laura é muito observadora.
– Estou no Guto. – Ela aplaude.
– Agora sim!!! Muito bem. Resolvendo as coisas.
– Nem posso receber os créditos. Não fui eu.
– Ele te procurou? Eu sou fã do Guto. Pode dizer isso pra ele.
– Também não. Foi Seu João.
– O porteiro?
– Ele mesmo. Quer dizer, não diretamente.

— Não estou entendendo nada, Juliana. — Respiro fundo pra explicar.

— Recebemos um comunicado de que Seu João está internado com covid-19. Eu fiquei arrasada, cruzei com Guto no hall e ele me abraçou. No fim conversamos e está tudo certo. Disse que gosto dele e é isso. Seu João, maravilhoso, nos ajudou mais uma vez.

— Ah, tadinho do Seu João. Ele é tão fofinho. Está me odiando ainda ou já passou?

— Eu nunca te odiei, besta.

— Desculpa por ontem, Juba. Eu devia ter sido mais compreensiva, mas você me conhece, né? Dou a bronca, mas é pro seu bem. Agora vamos desligar pra você aproveitar seu vizinho.

— Ele não está. Acordei e ele tinha saído. Estou até preocupada.

— Deve ter ido ao mercado ou coisa assim.

— Deve. É que o comunicado disse pra não sairmos porque Seu João ficou doente e tudo mais.

— Ele já deve estar voltando. Não se preocupa.

— Acho que eu vou até em casa pegar uma muda de roupa e uns itens de higiene.

— Isso, garota. Já leva tudo e se muda. — Rimos.

Vou pra casa e pego tudo, inclusive a camisola. Está até com a etiqueta. Comprei para tentar salvar o casamento, mas nunca usei. Acho que eu não queria salvar nada mesmo. Vou usá-la com quem vale a pena. Guto.

Volto achando que ele já chegou, mas o apartamento continua vazio. Ligo e ele não me atende. Estou ficando realmente preocupada. Pego mais café e observo a nova tela que ele está pintando. Um mar, em vários tons de azul, ocupa quase todo o espaço. Uma gaivota, acho que é uma gaivota, voa no pequeno trecho de céu. Tem uma calma bonita nessa obra. Não deve estar pronta, mas já gostei. Estou no pufe quando Guto abre a porta.

– Ah, você está aí. – Ele entra de máscara, mas sem sacola nenhuma. Não foi ao mercado.

– Estava preocupada com você. Te liguei. – Não sei se posso perguntar aonde ele foi.

– Eu vi quando estava no elevador. Desculpa. – Ele pega um café e se senta ao meu lado.

– Tudo bem. É que você é do grupo de risco, né?

– Eu sei, mas estava de máscara e lavei as mãos antes de pegar o café. – Onde será que ele foi?

– É que é perigoso. Eu fiquei preocupada, só isso.

– Eu devia ter deixado um bilhete, né? Na próxima, não vou esquecer, está bem? – Ele se aproxima e me beija.

– Está ótimo.

– Fui falar com a síndica. Saber mais sobre Seu João.

– Ah, e aí? O que ela disse?

– Ela disse que ele está bem. Não foi intubado, mas essa doença é grave. Precisa ficar hospitalizado por, pelo menos, três semanas.

– Ah, pensar nele sozinho num hospital me corta o coração.

– Corta o meu também, mas logo ele sai de lá.

– O condomínio vai continuar pagando o salário dele, né?

– Ele vai entrar no INSS, não tem jeito.

– Mas a família dele vai ficar como? A esposa está desempregada. Ele tem filhos.

– Eu sei, já cuidei disso. Falei com a esposa dele. Mandei uma compra de mercado pra eles e um dinheiro. Mês que vem faço o mesmo. Até ele se recuperar totalmente e voltar a trabalhar. Nada vai faltar pro Seu João e pra sua família.

– Ah, Guto. Você fez isso mesmo? É sério? – Meus olhos se enchem de água.

– De que adianta ganhar dinheiro se eu não posso ajudar quem precisa?

— Você existe mesmo? Você é real?

— Eu existo, Juba. Existo e estou bem diante de você. — Ele sorri e eu o beijo.

As canecas são deixadas no chão, as roupas são deixadas no chão, nossos corpos se unem no chão. Nossas bocas se devoram, os corpos arrepiam. Suor e sussurros. Eu sou toda dele.

Meu celular toca várias vezes, mas está no balcão da cozinha e me levanto pra atender. Não é a Laura porque ela sabe que estou com Guto. Então ou é minha mãe, ou é Vicente, e não quero atender nenhum deles. Guto senta e me observa. Pego o aparelho e vejo o nome do Vicente piscar na tela. Recuso a chamada. Quando coloco o celular no balcão, ele toca de novo. Recuso. Na terceira tentativa, desligo o celular. Que saco! Me viro e vejo Guto me encarar. Precisamos falar sobre isso, mas tenho tanto medo. Medo do medo que ele vai sentir.

— É sua mãe de novo?

— Não. É meu ex-marido, foda-se, não vou atender. — Ele sorri.

Já é fim de tarde. Pedimos uma pizza e eu vou pro banho. Coloco a camisola e estou me enchendo de creme quando escuto baterem na porta e Guto falar com alguém. Saio pra ver o que está acontecendo e tremo com a cena. Guto segura uma grande caixa e um buquê de tulipas. Não preciso ser um gênio pra saber quem mandou.

— Não é possível. Ele não cansa de atrapalhar minha vida? Guto, eu pedi pra ele parar de mandar flores e presentes. Eu falei pra ele. Eu falei.

— Você não gosta de chocolate? — Ele parece estranho.

— Eu gosto, mas ele não... — Guto me interrompe.

— Então liga pro seu ex e agradece. Depois da pizza vai ser muito bom ver um filme com VOCÊ comendo o chocolate que ELE mandou. Ah, a propósito, você está linda nessa camisola, viu? Anda, vem cá. — Ele me beija e não cansa de me surpreender.

– Joga essas flores no lixo e guarda os chocolates pra nossa sobremesa. – Gosto de sentir as coisas leves.

– Por que tulipas? São suas preferidas? – Ele ainda segura o buquê.

– São, mas não estou gostando delas tanto assim. – Faço uma careta.

– Juba, você não pode dar esse poder todo pra ele. Não deixe de gostar das suas flores preferidas porque ele as mandou.

– Não queria que ele mandasse nada.

– Mas ele mandou e elas são lindas. Te incomoda se eu colocar num vaso?

– Na verdade, incomoda. Prefiro elas no lixo. – Não quero lembrar de Vicente aqui.

– Está bem, então é pro lixo que elas vão. – Ele abre a porta e joga no lixo do nosso andar.

– Obrigada!

A pizza chega e nos sentamos no pufe pra comer. Cerveja pra ele, gin pra mim. É tão bom estar aqui. Está tudo tão perfeito que dá até medo.

– Me diz o que você gostaria de fazer se não fosse a pandemia.

– Tem tanta coisa que eu queria fazer, mas tô feliz aqui.

– Essa pandemia é um horror, tanta gente sofrendo, Seu João e tudo o mais, mas eu não posso reclamar. Ela me trouxe você.

– Acho que nos conheceríamos de qualquer jeito, Guto. Uma hora ou outra. Somos vizinhos.

– É, mas isso tudo mudou os olhares. Talvez você não reparasse em mim, talvez eu não notasse seu olhar. Talvez tudo passasse despercebido. Como era antes. Como o mundo era antes.

– Você acha que o mundo mudou assim?

– Você não acha?

– Não sei, Guto. Eu não saí mais desse prédio.

– Eu também não, Juba. Mas dá pra sentir. Nada mudou pra você nesse tempo?

– Muita coisa mudou, mas não sei dizer se foi a pandemia. Eu tinha acabado de me separar quando tudo aconteceu. Eu já estava mudando quando o isolamento foi estabelecido.

– E eu apareci.

– E você apareceu. E eu entendi que vivi uma mentira por anos.

– Você nunca foi feliz?

Desvio o olhar por um segundo.

– Desculpe. Se você não quiser falar sobre isso, tudo bem.

– Eu posso falar, só não sei se você quer ouvir.

– Eu quero te conhecer, Juba.

– Eu fui feliz. Eu amei o Vicente. Nos conhecemos na faculdade e, sim, eu me apaixonei. Os anos passaram e acho que me acomodei. As famílias se aproximaram, tudo parecia correto, sabe? Eu me perguntei várias vezes se era o que eu queria pra vida, mas tudo caminhou tão naturalmente que acreditei que era o melhor pra mim.

– E quando percebeu que não era?

– Não sei dizer. Acho que fui ficando mais velha, os sonhos começaram a gritar da gaveta, as vontades começaram a querer sair, os incômodos passaram a ser ditos e tudo foi virando um inferno. Eu tinha me tornado alguém sem vida e eu queria viver. Queria muito. Foi um longo processo, mas dei o basta.

– E agora?

– Agora eu não sei, Guto. Eu ainda estava tentando entender o que é viver por mim quando fui comprar gin e esbarrei com um homem lindo com tinta no cabelo. – Rimos.

– E ele bagunçou tudo?

– Na verdade, bagunçou. E eu não sabia que precisava dessa bagunça toda, mas precisava.

— Juba, você tem ideia do que essa bagunça pode fazer? — Ele parece um pouco tenso.

— Não tenho, Guto, mas quero descobrir.

— Você tem certeza?

— Guto, nesse momento, tenho poucas certezas na vida, mas que quero viver isso é uma delas.

— Essa é uma certeza que eu também tenho.

Ele me puxa para um beijo quente e sei que vamos parar no chão, mas eu derrubo e quebro a taça de gin, mais uma vez.

— Ai, desculpa. Eu sou tão atrapalhada. — Começo a recolher os cacos e ele ri.

— Eu amo esse seu jeito estabanada, Juba. Cuidado pra não se cortar. Deixa que eu recolho isso.

— Você não pode amar esse meu jeito, eu sou um desastre ambulante.

— Mas eu amo. É tão autêntico. Acho encantador. — Sorrio e não sei o que dizer. Vicente sempre se irritou com isso e de repente alguém diz que é encantador. Onde eu vivi todos esses anos?

— Pega um pano também. Molhei todo o seu tapete.

Limpamos tudo e ele me serve uma nova taça de gin.

— Não te incomoda mesmo eu quebrar as coisas?

— Não, Juba. Não me incomoda. Isso só me mostra que você está à vontade. Que não está calculando os movimentos. É encantador. — Ele me olha de um jeito que eu nunca tinha visto. Eu poderia dizer que é um olhar apaixonado, mas tenho medo de acreditar nisso.

Ele me puxa pra outro beijo e não derrubo a taça dessa vez. Ele me despe devagar e deixa os olhos passearem por mim. Eu o encaro e vislumbro o poder que o ardor tem sobre a nossa carne. Seus dedos riscam minha pele num delinear fino e delicado. Sua boca banha meus poros e extrai sussurros de mim. Seu dorso me empossa soberano e me agiganta. Seus braços me contornam e aninham num carinho que só ele tem. Ainda ofegante, ele me beija a testa e diz baixinho:

— Obrigado!

— Pelo quê?

— Por existir. — Isso é forte. Não sei responder.

Tomo um banho e visto a mesma camisola. É bom saber que ele gosta de me ver nela. Gosto dos olhares que recebo e do calor que me causam. Quando chego na sala, ele está com todos os chocolates no pufe e o filme pronto.

— Quer começar por qual? Ao leite, branco, crocante... — Rimos.

Pego o Diamante Negro e dou uma grande mordida. Ele abre o Laka e dá o play num filme que eu nem sei qual é.

— O que vamos ver? — Falo de boca cheia.

— *Dogville*. É genial.

— Você já viu? Aí não tem graça.

— Já vi várias vezes e verei outras. Amo Lars von Trier.

O filme é muito doido, mas fascinante. Muito diferente de tudo o que costumo assistir. A personagem vai da fragilidade extrema à mais absoluta ira. Quando o filme acaba, estou em estado de choque.

— Eu sabia que você ia gostar. Tem tantos filmes que quero te mostrar. Tem tanta coisa que quero fazer com você.

— Eu também quero. Nós vamos fazer muitas coisas juntos ainda. Por enquanto, estamos presos nesse apartamento, mas logo vamos ganhar o mundo.

— Vamos. Nós vamos. — Ele me beija.

Ele vai ao banheiro e pego o celular. Tem duas chamadas perdidas da minha mãe e um calafrio me percorre a espinha. Quando ele volta, me vê com o aparelho nas mãos.

— Algum problema?

– Minha mãe ligando.
– Atende. – É melhor mesmo.
– Alô. – Faço sinal pra Guto fazer silêncio e ele se afasta. Merda.
– Oi, Juliana, está dormindo?
– Não, mãe. Tudo bem por aí? Tudo bem com você e o pai?
– Estamos bem, mas quero saber de você.
– Estou bem, mãe. Segura.
– Está mais calma?
– Como nunca antes na vida. – Mal sabe ela.
– Que bom, filha. O que fez hoje? – Não posso dizer, né?
– Vi um filme.
– Só isso?
– Só.
– Já jantou?
– Já.
– Comeu o quê?
– Pizza.
– Não quer conversar? Está ocupada?
– Na verdade, estou. Podemos falar amanhã?
– Está ocupada com o quê?
– Comigo. Estou ocupada comigo mesma.
– Onde você está, Juliana?
– Onde eu poderia estar, mãe? Em casa. – Guto me olha e dói mentir na frente dele.
– Você tem certeza? – Como ela pode saber?
– Absoluta. Não acredita? Quer uma foto? Um vídeo? Uma prova? Minha palavra não basta pra você?
– Não é isso. É que você anda estranha.
– Minha vida mudou, mãe. Eu mudei.
– E mudou como? – Não acredito que vou ter que ter essa conversa agora.

– De muitas maneiras, Dona Carmem. Ainda estou descobrindo.
– Pra que tudo isso, Juliana? Você podia estar com a sua vida arrumadinha com o Vicente.
– De novo isso, mãe? Já falei que o casamento acabou. Já falei, inclusive, com o Vicente. Vocês parem com essa insistência chata.
– O que você está fazendo da sua vida, minha filha?
– Estou cuidando dela, mãe. Estou fazendo minhas escolhas.
– E está escolhendo tudo errado.
– CHEGA! CHEGA, MÃE! Se eu estiver fazendo escolhas erradas, vou arcar com as consequências. Me deixa errar. Me deixa tentar. Me deixa. Só me deixa.
– Eu sou sua mãe. Preciso abrir os seus olhos.
– Quem precisa abrir os olhos é você. Não percebe que está me sufocando? Que está atrapalhando a minha vida?
– Uma mãe nunca atrapalha um filho, Juba.
– Atrapalha, mãe. E é isso que você está fazendo. – Ela começa a chorar do outro lado da linha e isso me parte o coração.
– Eu só quero ajudar.
– Eu sei, me desculpa. É que eu não sou mais uma garotinha, mãe. Você precisa entender e respeitar isso.
– Eu não consigo.
– Mas precisa conseguir. Eu preciso. Faz isso por mim? Por favor.
– Juba, você está jogando sua vida no lixo. Você não percebe?
– Não. Eu joguei anos no lixo, agora estou tentando recuperar.
– Não chame o Vicente de lixo, Juliana. Eu NÃO POSSO ACEITAR ISSO. – Ele chora e se exalta.
– Você quer defender e apoiar o Vicente e não sua própria filha. Faz o seguinte, liga pra ele e reclama com ele, está bem? Foi ele que jogou tudo no lixo, e não eu.
– Você é uma ingrata egoísta. – Ouvir essas palavras da própria mãe dói de um jeito que nem sei explicar. Choro.

– Sou. Boa noite, Dona Carmem.
– Não ouse desligar o telefone assim, Juliana.
– Boa noite. – Não posso mais.
– JULIANA.
– Boa noite. Eu vou desligar.

Ela fala mais alguma coisa, mas desligo e choro. "Ingrata egoísta"? Lutar pela minha felicidade é isso? Ela não está preocupada com o meu bem-estar, está preocupada com os desejos e caprichos do Vicente. Ela me acusa e me pressiona, mas não vê o mal que ele me fez. Ela não se dá ao trabalho de perguntar o motivo. O que eu sinto não importa. O que ela sente, sim, é importante. Egoísta é ela. Choro. Guto observa de longe, mas não se aproxima. Respiro fundo e o encaro. Trocamos olhares por alguns segundos e ele vem em minha direção.

Choro em seus braços e me envergonho. Ele deve me achar ridícula. Estou sempre chorando.

– Me desculpa.
– Você não precisa se desculpar.
– Ela me chamou de "ingrata egoísta", Guto. Doeu.
– Ela falou sem pensar.
– Não! Ela sabia bem o que estava dizendo.

Tomo mais um pouco do meu querido gin e Guto pega o celular.

– Posso te mostrar uma música sobre isso?
– Sobre mãe?
– É! Chama "(Tá)". É do Estevão Queiroga.
– Pode. Acho que preciso disso.
– Tenho certeza que precisa.

Ele se levanta e vai até a varanda. Eu fico no pufe processando as duras palavras que ouvi da boca da minha própria mãe e que Queiroga acentuou. Eu desisti de um casamento falido pra ser feliz. Isso me torna egoísta e ingrata? Pensar em mim é tão ruim assim? Me priorizar é crime? Viro o resto do gin que tenho na minha taça e me levanto para pegar mais. Já me sinto em casa aqui e abro a geladeira sem frescura. É louco pensar que me sinto mais à vontade aqui, na casa de Guto, do que me sentia no apartamento ao lado, com o homem com quem dividi a vida por tantos anos. Dou mais alguns goles e já sinto o corpo reagir devagar. É o álcool fazendo o efeito esperado. É disso que preciso agora, ficar anestesiada. Volto pra sala e tem três chamadas perdidas no meu celular. Não é possível. Duas ligações de minha mãe e uma do Vicente. Eles devem ter se falado. Isso não tem fim? Desligo o aparelho e me jogo no pufe derrotada. Respiro fundo duas vezes e ouço um temporal cair lá fora, dos meus olhos não cai mais nada. Estou tão exausta que já nem consigo chorar. Eu só quero resolver.

Olho pra varanda e Guto está apoiado na porta me encarando. Ele não diz nada e sei que ele está me dando espaço, mas não sei se quero mais esse espaço. Acho que eu quero um abraço-casa. Ele, ainda parado, parece que lê meus pensamentos.

– Anda, vem cá! – E estende um braço.

Me levanto, tonta com o gin, e vou ao encontro dele. Ele me envolve como só ele sabe e ali descanso todas as dores e medos. Ele dá três passos pra dentro da varanda e começamos a nos molhar.

– Não sei se você percebeu, mas está chovendo na gente. – Aviso.

– Deixa chover, Juba. Deixa molhar. Deixa esfriar. Deixa. Só deixa. – Ele me aperta no abraço.

É libertador sentir a chuva molhar nós dois assim. No lugar onde nos conhecemos, abraçados e tão ligados. É bom saber que tenho esse abraço, ainda que esteja enfrentando uma tempestade pessoal. É reconfortante sentir que ele está comigo mesmo assim.

A briga com a minha mãe esmaga meu coração, mas ele pulsa por Guto e pelo futuro que quero dividir com ele. Dói saber que meus desejos não são respeitados, mas ninguém vai impedir que eu viva o que desejo. A luta será dura, eu sei, mas ter esse homem ao meu lado é toda a motivação de que preciso.

Não quero mais esperar. Nem mais um minuto. Vou ligar pra ela e acabar com essa interferência. Vou ligar pro Vicente e encerrar essa ideia de repensar. Vou dormir em paz. Sem pendência.

Estamos completamente ensopados, estou morrendo de frio e não quero esperar nem mais um segundo.

– Podemos entrar? Eu preciso ligar para algumas pessoas e resolver minha vida. – Olho pra ele, mas vejo dois Gutos.

– Vamos fazer assim: a gente entra, toma um banho quente, dorme e amanhã você liga pra quem quiser.

– Não é uma questão de querer, Guto. Eu preciso resolver isso e não quero esperar até amanhã.

– Juba, você está de cabeça quente e cheia de gin. Deixa pra fazer isso amanhã.

– Eu quero dormir em paz essa noite, Guto. Quero dormir sem medo de receber tulipas amanhã, entende? Quero resolver tudo hoje.

– Está bem. Então vamos tomar um banho quente, porque estamos muito molhados, e aí, quentinha, você liga pra todo mundo, tá bom? – Ele me beija a testa.

– Tá. Estou mesmo morrendo de frio.

Entramos e Guto enche a banheira. Eu tinha pensado num banho de chuveiro mesmo, mas, quando mergulho o corpo na água quente, agradeço a ideia. Ele entra e se senta à minha frente. Estamos na mesma posição da primeira vez.

– Nunca achei que uma banheira fosse capaz de dar abraço-casa também. – Rimos.

– Banheiras são capazes de muita coisa, Juba.

– É que não tenho boas recordações dela. – Cala a boca, gin!

— Podemos criar novas, não?
— Claro, já estou gostando mais dessa vez.
— Que bom. Só quero que você fique bem, Juba.
— Eu estava bem com você na chuva. Nessa banheira quente é ainda melhor. – Ele pega meu pé e começa uma massagem.
— Está se sentindo melhor?
— Ainda sinto o peito apertar, mas assim que falar com ela, vou aliviar.
— Posso imaginar. Vai ficar tudo bem. Mãe é mãe. Ela vai entender.
— Se não entender, é uma pena, mas não vou mais permitir essa interferência. A decisão só cabe a mim.
— Entendo. Logo tudo se acerta.
— Vou fazer o que a Laura falou.
— Quem é Laura?
— Ah, Laura é minha melhor amiga. Vocês precisam se conhecer. Tenho certeza que vai amar Laurex. – Rio.
— E o que Laurex falou pra você fazer?
— Contratar um advogado pro divórcio e não deixar na mão do Vicente.
— Já sou fã de Laurex. – Ele beija meu pé.
— Ela diz o mesmo de você.

Água, sabão, minha pele nas suas mãos. Ele me conduz. Me coloca no colo e me doma com delicadeza. Cabelos molhados, calor e paixão. Lábios sussurram beijos e dedos cochicham ternura. Entrelaçados, descansamos no ombro um do outro. Minhas pernas circundam seu tronco e, ainda em seu colo, sinto que nunca estivemos tão ligados. Eu nunca senti isso na vida. Eu nunca vivi algo assim. Fecho os olhos e sorrio sozinha. Todo mundo deveria experimentar essa sensação. É a coisa mais bonita que eu já vivi.

Ele me leva, ainda no colo, até a cama. Sinto o sono me consumir. Ele me deita e me cobre com o edredom. Sinto o quarto girar freneticamente.

– Não posso dormir, Guto.
– Pode sim, Juba. Está tudo bem.
– Preciso ligar pra ela.
– Amanhã, Juba. Amanhã você liga. – Ele me faz um cafuné.

CAPÍTULO 10

*Ainda que peçam seu "sim",
lute pelo seu "não"*

Monika Jordão

Abro os olhos e já é dia. Ontem o álcool me colocou pra dormir, mas a cabeça não dói. Viva o gin! Olho pro lado e ele não está comigo. O celular, desligado, está na cabeceira. Vou encarar a realidade, mas depois de um café, né? Me levanto e visto a camiseta dele. Já virou um hábito. Quando chego na sala, encontro Guto sentado no chão com seu violão. Paro e o observo dedilhar. Fazia tempo que não o ouvia tocar. Ele me vê e sorri.

– Ontem foi especial, sabe? Eu tinha tanta coisa pra dizer, mas, você sabe, não sou bom com as palavras. Então fiz o que eu sei. Arte. Tirei essa música do Fernando Malt pra você. Espero que goste. – Ele começa a tocar e meu coração dispara.

*Anda, vem cá
Quero ser o seu colo
Deixa eu te aninhar*

*Anda, vem cá
Posso ser seu abrigo
Deixa eu te falar*

*Ah, não quero imaginar a vida sem você
Ah, eu quero misturar nossas cores*

nessa tela em branco e admirar
Você faz sentido aqui

Anda, vem cá
Tem café na varanda
Deixa eu te cuidar

Anda, vem cá
Quero ver seu sorriso
Deixa eu te falar

Ah, não quero imaginar a vida sem você
Ah, eu quero misturar nossas cores
nessa tela em branco e admirar
Você faz sentido aqui

Um rascunho inacabado
Um vazio sem cor
É assim que eu fico sem o seu amor

Ah, não quero imaginar a vida sem você
Ah, eu quero misturar nossas cores
nessa tela em branco e admirar
Você faz sentido aqui

É a música mais linda do mundo inteirinho. Sorrio enquanto limpo a lágrima que escorreu. Ele se levanta e vai pra varanda. Quando chego lá, meu coração dispara de novo. Uma garrafa de café e uma tela no cavalete me emocionam de novo. Nela, um lindo buquê de tulipas. Eu o encaro e seus olhos também estão marejados.

– Anda, vem cá. – Ele me abraça.

— Ah, Guto... — Quanta emoção.

— As tulipas são suas flores preferidas e não quero que deixem de ser. Essas não vão morrer, e espero que não parem no lixo também. — Rio.

— Essas tulipas jamais acabarão no lixo. Elas foram feitas por você. — Ele me beija.

— Vamos tomar esse café. — Ele nos serve.

— Viva o café.

— Viva o café. — Brindamos.

— Dormiu bem?

— Dormi bem e acordei melhor ainda, né? E essa música? Quero ouvir de novo. Quero gravar para ouvir pra sempre.

— Não precisa gravar para ouvir pra sempre. — Esse homem existe?

— Toca de novo? — Quero ouvir pra sempre mesmo.

— Sempre que quiser. Ela é sua. Toda sua.

Ele pega o violão e volta pra tocar na varanda. É emocionante saber que inspirei esse artista a pintar dois quadros. É emocionante pensar que, realmente, significo alguma coisa. Isso tudo parece um sonho. Ele termina a música e eu não consigo tirar o sorriso dos lábios.

Entramos com as coisas todas. Tenho medo de chover de novo e molhar o quadro das tulipas. Coloco ele num cantinho da sala e fico encarando, ainda sem acreditar.

— Pega o meu quadro na praia. Quero os dois juntos aqui. São o melhor presente do mundo.

— Vamos deixar aquele da praia lá. O presente são as tulipas, tudo bem? — Aquele é dele, né? Ele não fez para mim. Gosto de saber que ele me pintou pra ele mesmo.

Mais do que nunca, quero resolver as coisas com minha mãe e com Vicente. Preciso ficar livre pra viver isso sem medo.

— Tá bom. Vou tomar mais um café e fazer as ligações necessárias, tá? Preciso encontrar um advogado e tudo o mais.

— Claro. Resolve suas pendências. Tenho mesmo que trabalhar. — Ele me beija de novo e se afasta.

Quando ligo o celular, vejo ligações de Laurex. Quero muito contar para ela sobre a surpresa de Guto. Retorno a ligação.

— Oi, sumida. Está onde? No Guto, né?

— Exatamente. Você não vai acreditar no que ele fez hoje!

— Eu responderia que ele recuou, mas, pelo seu sorriso, não foi isso.

— Não. Ontem Vicente mandou tulipas e chocolate e depois briguei com Dona Carmem de novo. As flores foram pro lixo e comemos os chocolates.

— Os chocolates deviam ter ido pro lixo também. Nada do Vicente é bom.

— Calma, Dona Laura. Também não é assim. Eu até pensei em jogar os chocolates fora, mas Guto disse que a gente devia comer vendo filme e topei. Chocolate não se nega.

— Foi isso que ele fez?

— Não. Hoje eu acordei e ele tinha tirado uma música linda pra mim e pintado esse quadro de tulipas. Tá vendo? Olha que lindo.

— Eu sou fã do Guto. Já disse isso, né?

— Ele disse que é seu fã também.

— E onde está o artista? Quero parabenizá-lo pela obra.

— Quer mesmo falar com ele?

— Claro. Ele está aí?

— Está no quarto da bagunça. Será que bato lá?

— Bate. Quero falar com ele.

— Laura, você segura essa língua, viu? Não vai falar demais.

— Confia em mim, Juliana. Chama o Augusto. — Ela ri.

Vou até o quarto e bato na porta.

– Pode entrar. – Abro e ele está arrumando o armário.

– Laura quer conhecer você. – Abano o celular.

– Também quero conhecer Laura. – Ele vem saindo do quarto e, quando olho pro canto, meu quadro da praia não está mais lá. Ele vendeu?

– Guto. Guto. Guto. – Laura grita. Nós nos sentamos e entrego o celular pra ele.

– Então você é a famosa Laura?

– E você é o famoso Guto? – Agora parece que eu só falo deles.

– É um prazer te conhecer, Laura. Juba disse que você é a melhor amiga dela.

– Sou mesmo, e é bom saber que ela não está falando mal de mim. – Rimos todos.

– Ela foi só elogios.

– Também ouvi boas coisas sobre você, Augusto. – Eu vou matar a Laura.

– É mesmo? E ouviu o quê? – Ele me olha de rabo de olho com um sorrisinho. E eu tô com medo do que Laura vai dizer.

– Que você pintou umas tulipas e tirou uma música bonita. – Ufa.

– Ah, são só meus dotes artísticos, mas nem é tudo isso.

– Eu não posso falar sobre a música porque ainda não ouvi, mas as flores são lindas mesmo. Juba tem razão.

– Juba sempre tem razão, né? – Ele pega minha mão.

– Nem sempre, Guto. Acredite, mas eu estou trabalhando nisso. – Eles riem e eu quero matar ela de novo.

– Confio em você, Laura.

– Pode confiar.

– Vocês sabem que eu estou aqui, né? – Me meto na conversa e todos rimos.

– Claro, Juba.

– Guto, eu quero ser sua amiga, quero até te pedir uns conselhos. Juliana, me manda o número do Guto. Ele vai ser guru amoroso. – Laura é tonta.

– Te mando. Agora precisamos desligar. Estou morrendo de fome.

– Já são quatro horas da tarde. Vocês não almoçaram?

– Sua amiga acordou bem tarde hoje, Laura. – Guto me olha e pisca de novo.

– E você não dormiu, né? Um casal que combina em tudo mesmo. – Ela e suas ironias. Eu amo minha amiga.

– Combinamos na falta de refeição. – Guto também tem resposta pra tudo.

– Então peçam alguma coisa no iFood. Juliana é péssima na cozinha. – Pronto. Tava demorando.

– Você já provou o macarrão com molho quatro queijos dela? – Ele lembra.

– Ainda não, você aprovou mesmo ou é suspeito pra avaliar?

– Sou suspeito, mas estava muito bom.

– E o bife acebolado? – Eu vou matar a Laura de verdade.

– Bifes acebolados são sempre bons. Sempre.

– Você é mesmo muito suspeito. Peçam uma pizza. Vou ali ignorar o Thomaz. Juliana, não esquece de me mandar o número do Guto. Vou precisar dele quando quiser cair em tentação. – Gargalho de novo.

– Tá bom, te mando assim que você desligar e me deixar pedir comida.

– Se cuidem e se curtam. Laurex ama vocês. – Ela é demais.

– Te amo, Laurex. – Não resisto.

– Também te amo. – Ela desliga e Guto me abraça.

– Gostei muito dela.

– Ela é uma grande amiga. Segura uma barra pesada comigo.

– Amigos de verdade fazem isso.

– E ela faz. Você tem notícias do Seu João? Pensei nele agora que vamos pedir comida.
– Falei com a esposa dele ontem. Ele está estável.
– Ah, tadinho. E ela está bem? E as crianças?
– Estão preocupados, mas estão bem. Me coloquei à disposição caso precisem de algo.
– Você não existe, sabia?
– Existo sim, vem aqui pra ver. – Ele me puxa e me beija.

Pedimos hambúrguer, fritas e sorvete. Antes de a comida chegar, vou em casa buscar mais algumas roupas. Volto e ele está lindo, com uma camiseta vermelha. Já tomou banho e está arrumando as coisas "no ateliê".

– Não vai mais trabalhar hoje?
– Vou, mas quero te deixar mais confortável e essa bagunça não ajuda. – Fofo.
– Estou muito confortável. Não se preocupa.
– Eu sempre me preocupo com você

O interfone toca e Guto vai atender. Ainda bem que a comida chegou, estou morrendo de fome. Ele fala e olha pra mim.

– Parece que tem alguém lá embaixo esperando você. – A cara dele não é boa.
– Quem?
– Acho melhor você descer.
– É o Vicente?

Vai lá, Juba. Resolve o que você precisa.
– Você confia em mim?
– Confio. – Ele me beija e meu coração se alivia.

Pego o elevador, mas sinto um nó na garganta. Quando chego na portaria, procuro um buraco para me esconder. Na calçada vejo Vicente segurar um faixa escrito "VOLTA PRA MIM, JUBA". Olho pra cima e vejo Guto na varanda.

Fico encarando aquela faixa e não posso acreditar que ele fez isso. Estou do lado de dentro do prédio e ele continua na calçada. Dou mais uma olhada pra cima e Guto continua lá em cima, assistindo à cena patética do meu ex-marido.

– Vicente, o que você está fazendo aqui? – Eu me tremo inteira.

– Vim reconquistar você.

– E plantar na porta do prédio com essa faixa foi sua melhor ideia?

– Você não gostou? – Ele até parece decepcionado.

– Não, Vicente. Eu não gostei. Volta para a casa dos seus pais. Estamos em quarentena. Você não devia nem ter saído de casa.

– Juba, a gente não pode ficar com uma pendência desse tamanho durante toda a quarentena.

– Não há pendência alguma, Vicente. De onde você tirou isso?

– Vamos continuar conversando assim? Na portaria do prédio?

– A gente nem devia estar conversando.

– Juba, por favor. Vamos conversar. A gente tem muito pra conversar. Me deixa subir? – Pensar no Vicente no apartamento ao lado do Guto me dá calafrios.

– Não, Vicente. É perigoso. – Olho pra cima e Guto não está mais na varanda.

– Então vem aqui, vamos conversar no carro.

– Vicente...

– Juba, a gente precisa conversar. Mesmo que você não me queira mais, precisamos conversar. – Preciso resolver isso de uma vez por todas.

Saio do prédio e ele me encara. Dobra a faixa e joga no porta-malas. Olho pro carro e um filme passa na minha cabeça. Já chorei tanto nele que um nó até me aperta a garganta. Sento no banco do carona e respiro fundo antes de fechar a porta.

– Como você tá? – Ele quebra o silêncio.

— Engraçado você me perguntar isso. Você nunca se importou com como eu estava.

— Isso não é verdade, Juba. Eu sempre me importei.

— Então você não tem a menor ideia de como demonstrar isso, né?

— É. Talvez eu não seja bom em demonstrar as coisas.

— Talvez, Vicente? Com certeza você não é. Ou é, mas comigo não era.

— Você tem tanta mágoa de mim assim?

— Você não tem ideia mesmo? Quando você lembra do nosso casamento, não vê nada de errado?

— Eu vejo amor, mas acho que a gente se perdeu.

— Não. Você me perdeu. Você me deixou sozinha, Vicente. Você me anulou, me escondeu, me invalidou.

— Juba, não era assim. Você era minha mulher e eu tinha muito orgulho disso.

— Orgulho... Eu era só um adereço? Um troféu?

— Você está colocando palavras na minha boca.

— Não. Eu estou dando palavras para as atitudes que você tinha.

— Foi tudo tão ruim assim? O tempo todo?

— O tempo todo não, mas muitas e muitas vezes. Incontáveis vezes. Eu nem sei dizer.

— Foram nove anos, Juba. Não pode ter sido tão ruim. Você nunca me amou?

— Esse é o ponto, Vicente. Eu te amei e por isso tudo doeu tanto. Eu te amei muito. Eu te amei de verdade e foi doloroso ver como você escolheu conduzir as coisas comigo.

— E como eu conduzi? Não acho que tratei mal.

— Você não me tratou de jeito nenhum, Vicente. Eu era só um fantasma. Uma sombra. Um pedaço da sua vida que não valia sua energia.

— Como você pode dizer isso? Não é justo, Juba. Eu nunca deixei faltar nada para você.

— Deixou faltar amor. Deixou faltar carinho, cuidado, atenção, zelo, dedicação, empenho, abraço, cafuné, proteção... quer que eu continue a lista ou está bom para você?

— Se fui tão ruim, por que você ficou tanto tempo comigo?

— Porque eu achava que era o certo a fazer. Eu acreditei que esse casamento era minha única opção. Eu passei anos tentando chamar sua atenção e depois aceitei que não era possível, mas fui definhando.

— Eu te dava atenção. Sempre perguntei como foi o trabalho.

— O trabalho. Aquele que você achava o máximo e que eu odiava.

— Você nunca me disse que odiava.

— Eu sempre te disse. Eu chorei falando das auditorias. Eu surtei com a pressão. Eu sofri muito com a rotina que eu era obrigada a seguir. Eu vivi tudo isso diante dos seus olhos e você não foi capaz de ver.

— Eu nunca imaginei que o trabalho fosse tão ruim.

— Você nunca percebeu nada, Vicente. Você não olhava pra mim, percebe? Se não viu que eu odiava meu dia, como ia ver que eu era infeliz no nosso casamento?

— Dói te ver falando assim, sabia?

— Sabia. Eu te vi me tratar assim por anos. Doeu muito em mim também.

— Por que você nunca me disse?

— Eu disse, Vicente. Eu sempre te disse tudo. Eu sempre mostrei tudo. Quem não viu, não ouviu foi você.

— Juba, eu não estou entendendo.

— O que você não está entendendo, Vicente? Você não me fez feliz. Ponto. Você me ignorava. Você me anulou. Você me fez sofrer. Eu tentei salvar esse casamento e cansei de tentar chamar sua atenção. Cansei de mendigar seu amor. Cansei de lutar por um relacionamento sozinha. Eu CANSEI.

— Você desistiu sem me dar uma segunda chance.

— Eu te dei todas as chances do mundo. Eu implorei pra você olhar pra mim. Eu chorei noites e noites do seu lado. Eu fiz tudo que eu podia, mas não dava pra continuar assim. Aquilo que a gente vivia não era vida.

— Você me fazia feliz, Juba. Eu sinto sua falta. A gente ainda pode salvar e corrigir isso.

— Estamos em isolamento, Vicente. Você só está carente. Não sente minha falta. Sente falta de ter alguém, mas esse alguém não sou eu. Você quer me amar, mas não me ama de verdade.

— Você não pode falar por mim. Eu te amo, sim.

— Se você me ama é ainda pior.

— Pior? Pior? — Ele parece indignado.

— Muito pior. Se você me ama e me tratou daquela maneira, como seria quando você deixasse de amar? Se você não conseguia ouvir a mulher que você amava, quem você ouvia?

— Eu ouvia você. Eu amava você. Eu cuidava de você. Eu não sei o que te aconteceu, mas você está distorcendo as coisas.

— É claro que a culpa é minha e eu que fiz tudo errado, né? Você era um marido exemplar e eu que sou ingrata e egoísta, não é mesmo? — As lágrimas começam a rolar.

— Não. Não, Juba. Você não é egoísta. Eu sei que não é. Eu sei quem você é. Eu amo você.

— Vicente, você não me conhece. Nem eu me conheço. Eu passei anos tentando me adaptar e me encaixar no que você e todo mundo esperavam de mim.

— Eu nunca te pedi isso, Juba.

— Foi um pedido velado, mas, sim, você pediu. — Choro ainda mais.

— Não fica assim, eu não quero te fazer chorar.

– Eu não tô chorando por você, mas por tudo o que eu fiz tentando te ver assim.
– Assim como?
– Assim. Me olhando. Ouvindo o que eu tenho a dizer. Eu quis tanto que você me desejasse. Eu quis tanto que você me desse valor.
– Eu te dava valor. Talvez não da maneira que você queria, mas eu te valorizo muito.
– Você me valoriza agora. Agora que perdeu.
– Me deixa tentar de novo. Me deixa corrigir meus erros.
– Você nem percebe os erros, Vicente. Você está me ouvindo e descobrindo hoje o que eu vivi e senti. Eu te falei essas mesmas coisas na nossa conversa de separação e mesmo assim você não ouviu.
– Eu fiquei cego naquela época.
– Aquela época foi 40 dias atrás. Não faz tanto tempo.
– E eu não tinha entendido, mas entendi. Agora estou vendo.
– Porque estamos em quarentena.
– Pode ser mesmo. Eu tive tempo para pensar. Eu tive tempo de avaliar. Estou aqui de coração aberto.
– E mesmo assim achou que me dava atenção. E mesmo assim achou que fomos felizes. E mesmo assim acha que tudo aquilo pode ser corrigido com uma faixa na portaria do prédio.
– Por que essa resistência?
– Porque eu não quero mais e não sou respeitada.
– Juba, olha pra mim. Eu amo você. Eu te fiz mal, estou vendo isso. Eu te magoei. Eu te fiz sofrer. Me perdoa. Eu amo você. Eu amo mesmo você.
– Mas eu não te amo mais, Vicente. Eu não quero mais viver aquilo tudo.
– Me deixa te reconquistar. Eu posso te fazer me amar de novo. Eu posso ser alguém melhor por você.

– Eu não quero, Vicente. Eu não quero te amar de novo. Eu não quero ser reconquistada. Eu não quero um Vicente melhor. Eu só quero viver em paz.

– Você está de cabeça quente. Brigou com a sua mãe, eu soube.

– É, então, isso é outra coisa que me incomoda. Ela é MINHA MÃE. Para de colocar coisas na cabeça dela. Para de tentar me cercar colocando minha mãe para mandar recados. Para. Só para.

– Me perdoa por isso, mas ela acredita em nós.

– Mas eu não acredito. Eu não quero. Eu não quero. Eu não quero. Deu pra entender agora?

– Você não sente nem um pontinha de saudade? Não se arrepende nem um pouquinho?

– Não. Eu não sinto nenhuma saudade. Na verdade, eu me arrependo de não ter me separado antes. Eu me arrependo de ter tentado tanto tempo em vão. Me arrependo das humilhações e das camisolas que comprei pra chamar sua atenção. Das noites te esperando chegar de reuniões. Das festas chatas nas quais eu ia pra te orgulhar. Do diploma que eu tirei por você.

– Você está sendo cruel.

– Você foi cruel toda vez que colocou dinheiro na minha conta porque ia chegar tarde em casa. Quando dizia: "Não tenho tempo pra drama, Juliana". Quando me mandou parar de chorar. Toda vez que ficou irritado com meu jeito estabanado. Quando me fazia colocar um salto alto para ir num jantar onde eu não conhecia ninguém. Toda vez que me mandou calar a boca e não falar besteira. Quando gritava comigo.

– Chega. – Ele chora também.

– Dói ouvir?

– Dói. Eu fui horrível com você.

– Você foi horrível comigo.

– Você não merecia isso.

– Eu não merecia isso.

– Me perdoa. – Ele pega na minha mão.

– Não adianta mais.

– Por favor, me perdoa. Eu fui horrível e talvez não mereça outra chance. Só me perdoa.

– Eu já perdoei. Perdoei quando coloquei um ponto final na nossa história.

– Eu não sou digno do seu amor. Eu não sirvo mesmo pra você. Eu nem mereço ser amado.

– Merece. Olha pra tudo o que a gente viveu e aprende, Vicente. Para ser um marido melhor para a próxima mulher que aparecer na sua vida.

– Eu não quero outra mulher, Juba. Eu sempre vou amar você e carregar o peso do mal que eu te fiz.

– Não faz isso. Não é justo comigo. Eu não quero esse fardo.

– Meu amor te faz mal? É isso que você está dizendo?

– É. Eu não quero ser um peso. Eu não quero esse peso pra mim. Eu só quero leveza agora. Eu só quero paz.

– Eu vou te deixar em paz, Juba. Não vou te incomodar mais.

– Mas eu quero que você siga seu caminho.

– Meu caminho é você. Será que existe alguma maneira de chegar ao destino que eu quero pra mim?

– Não, Vicente.

– Nenhuma possibilidade?

– Nenhuma possibilidade.

– Você me odeia, Juba?

– Não odeio você, Vicente. Só não te amo mais.

– Você sabe que me machuca quando diz isso? Acabei de dizer que te amo.

– Eu sei, mas preciso ser sincera. Eu não amo você. Eu não quero que você me ame mais. Me esquece, Vicente.

– Você queria que eu te amasse, mas desistiu. Você queria que eu me importasse, mas não está se importando com meus sentimentos. Você queria chamar minha atenção, mas, quando eu faço o mesmo, você não gosta. Você queria salvar nosso casamento e, agora que eu também quero, está jogando tudo no lixo.

– Se você quer pensar assim, a escolha é sua. Não vou me culpar por nada. Eu sei tudo que eu fiz.

– E eu não fiz, né?

– Está fazendo, mas é tarde demais.

– Nunca é tarde demais.

– É, Vicente. Às vezes, é, sim.

– Eu amo você, Juba. Por favor. – Ele chora.

– Desculpa, Vicente, mas não dá. Eu não te amo. Eu não quero isso pra mim.

– Acabou mesmo?

– Acabou.

– Eu vou sofrer, mas não posso culpar você. Eu te fiz mal e não tenho direito de nada. Me perdoa. De coração.

– Está tudo bem, Vicente. Vamos seguir nossos caminhos em paz.

– Posso só te perguntar uma coisa?

– Pode.

– Por que me mandou aquela música, "Deixa rolar"?

– Era pra ter mandado outra música, mas errei o link.

– Aquilo me encheu de esperanças.

– Me perdoa.

– Que música você ia me mandar?

– Não sei agora, mas tem outra que me lembra nossa história. Me dá seu celular, vou colocar aqui, descer do carro e voltar pra casa. Você ouve sozinho e pensa. Reflete. Ela se chama "Naufrágio", e é da Flávia Felicio e do Renan Scharmann.

– Eu te amo, Juba.
– Boa noite, Vicente.
Ainda estou no elevador quando ele manda uma mensagem.

Vicente
| Você é cruel e desumana |

CAPÍTULO 11

*Só o dono do medo
sabe o medo que dá*

Monika Jordão

Aperto todos os andares. Preciso pensar. Respirar. O que foi que aconteceu? Como eu consegui falar tudo aquilo pro Vicente? Não posso chegar no Guto assim. Nem sei o que dizer pra ele.

1º andar. Me olho no espelho e a imagem é assustadora. Estou inchada, com o nariz vermelho, os olhos úmidos e o cabelo despenteado. Nada muito diferente dos nove últimos anos. Nada muito diferente do meu interior. Essa é Juliana. Ajeito as madeixas e seco os olhos. Me encaro e não sei bem o que sentir pela mulher do outro lado.

2º andar. Estou aliviada por ter dito tudo o que precisava dizer. Estou aliviada por ter jogado na cara dele toda a mágoa que ele me causou. Estou aliviada por ter colocado um ponto final nessa história... Mas, de algum modo, ainda dói.

3º andar. Eu amei tanto esse homem. Eu quis tanto ser feliz ao seu lado. Eu pedi tanto que ele me desejasse, mas isso não é algo que se pede, né? Eu sonhava em ouvi-lo dizer as palavras que disse hoje. Ali, dentro daquele carro, elas me pareceram tão vazias. Não sei se porque não as quero mais ou porque não são verdadeiras.

4º andar. Será que ele me quer mesmo ou é só carência de quarentena? Será que descobriu que me ama ou é aquele sentimento de perda? Será que me valoriza ou se perdeu sozinho? Será que sente saudade ou só está solitário? A resposta para essas perguntas nem importam mais.

5º andar. É tarde demais. Eu, realmente, não quero. Eu, verdadeiramente, não o amo. Demorei tanto tempo para acabar com a tortura que não posso arriscar minha paz. Minha paz... Achei que a encontraria na solidão, mas um vizinho me mostrou que pode ser diferente.

6º andar. Guto. Eu o xinguei tanto quando ele me acordou com aquelas marteladas. O amaldiçoei por derrubar minhas compras. Me encantei com seu violão, com sua voz, com seu dedilhar... Me apaixonei pelo abraço-casa, pelo beijo-fogo, pela pegada forte. Ele não é sempre paz, mas está longe de ser guerra.

7º andar. Vicente. Guto. Será que minha felicidade está condicionada ao amor? Será que serei sempre refém de um relacionamento para me sentir completa? Por que não consegui ficar sozinha? Hein, Juliana? Não dava para sossegar sozinha durante essa pandemia? O mundo inteiro em casa e você consegue se separar, se apaixonar de novo, brigar, fazer as pazes... Como você conseguiu toda essa confusão?

8º andar. Outra mensagem de Vicente. Não é possível.

Vicente
| Eu te amo e essa música só mostra o quanto você despreza o amor. Se te faz bem saber, você me feriu de volta. Estou em pedaços. Obrigado. |

Eu não o desprezo. Eu não queria feri-lo. Eu só quero seguir meu caminho. Será que sou tão cruel e desumana quanto ele disse? Será que sou egoísta e ingrata como minha mãe disse? Quem tem razão, eles ou eu?

9º andar. Novas lágrimas. O que eu estou fazendo da minha vida? Será que estou no caminho certo? Voltar para Vicente não é uma possibilidade, Guto não me parece muito estável, ficar sozinha é tão assustador... O que eu faço? Pra onde vou?

10º andar. Só de pensar em não correr para os braços de Guto meu coração para. Eu sei que deveria cuidar de mim e aprender a viver na minha própria companhia, mas, se eu tenho aquele homem perto de mim, por que devo ficar longe dele? Se ele me quer perto dele, por que devo me distanciar? Não devo. Não posso. Não quero.

11º andar. Mas e ele? Será que ele quer? Ele estava estranho quando eu saí. Ele me viu da varanda. Ele viu Vicente, faixa. Deve ter me visto entrar no carro e ficar lá por mais de uma hora. Sei dos seus medos. Será que vai recuar? Será que vai se afastar? Será que ainda me quer? Se ele estiver me esperando na porta e disser o "Anda, vem cá", saberei que ainda temos uma chance. Mas e se a porta estiver fechada?

12º andar. A porta está fechada. Olho para seu apartamento, olho para o meu. Um tem Guto, medos e um futuro. O outro tem lembranças de Vicente, medos e um passado. Nas duas há medo. Futuro. Eu quero o futuro. Vou até a porta de Guto e bato três vezes. Silêncio. Acho que o medo aqui é maior. Vou para a porta do passado, abro e o encaro.

Nesse apartamento eu vivi momentos de alegria, sim, mas, na grande maioria, de dor, medo, aflição e angústia. Esse lugar não é gostoso. Não é bom. Não é meu. Tudo aqui foi escolhido por Vicente. Do tapete ao ar-condicionado. Da geladeira ao chuveiro. Ainda tem livros dele aqui. Ainda tem as sobras e os restos que ele largou pra trás. Não quero nada. Não quero mais nada. É pecado, eu sei, mas jogo os livros numa sacola. Jogo tudo o que ele largou. Se eu pudesse, jogava os nove anos na sacola também. Abro a porta e vou em direção ao grande lixo do andar. Olho para a porta de Guto. Será que ele não quer mesmo me ver? Vou até lá e bato três vezes de novo. Silêncio.

Ele deve estar cheio de caraminholas na cabeça. Deve achar que me acertei com Vicente. Que ficamos juntos naquele carro.

Que brinquei com seus sentimentos. Deve estar achando que sou a pior pessoa do mundo. Deve estar magoado. Magoei os dois homens da minha vida. Vicente e Augusto. Parabéns, Juliana.

Volto pra casa e respiro fundo. Mesmo com tudo no lixo, ainda não posso chamar este lugar de lar. Não quero estar aqui. Não quero ficar aqui. Preciso fazer alguma coisa. Preciso tirar o medo de Guto. Ele precisa acreditar em mim.

Troco de roupa, me perfumo, mas não passo maquiagem alguma. Quero estar de cara limpa para encarar o amor sem artifícios.

Chego na sua porta, respiro fundo e bato três vezes. Silêncio. Respiro e bato mais forte, três vezes. Silêncio. Respiro e bato muito forte, três vezes. Silêncio. Não, Guto. Eu não vou desistir. Soco a porta desesperadamente. Várias vezes. Ele abre.

– O que aconteceu? Está tudo bem? – Ele parece assustado.

– Não foge de mim assim. Não faz isso, Guto.

– Eu não fugi de você, Juba. – Ele pega minha mão, me puxa pra dentro e fecha a porta.

– Eu bati aqui, várias vezes. – Que agonia.

– Eu estava no quarto da bagun... Não ouvi.

– No quarto da bagunça? Estava pintando lá?

– Não. Estava arrumando algumas coisas e pensando na vida.

– Na gente?

– É... A gente ainda existe? – Ele está inseguro.

– A gente existe, Guto. A gente existe muito. Para com isso.

– Desculpa, Juba. Eu me perco.

– Guto, acabei de colocar a pá de cal no meu casamento. Falei tudo o que precisava pro Vicente e ele, finalmente, entendeu que acabou. Eu sei que fui uma idiota nos últimos anos, mas aprendi e quero viver tudo de bom que a vida tem pra me dar. Isso inclui você.

– Eu não quero te pressionar, mas não posso nadar num mar de dúvidas.

– E não vai. O que quer saber? Pode perguntar.
– Sua história com o Vicente acabou mesmo?
– Acabou faz tempo e não foi porque você apareceu. Acabou porque não tem mais amor.
– Você quer se envolver com outra pessoa?
– Eu não tenho escolha, Guto.
– Tem, Juba. Você tem escolha. – Ele fica aflito.
– Não, Guto. Eu não tenho escolha. Já estou envolvida e quero estar. – Ele sorri de leve.
– Juba... – Ele olha pra baixo.
– Guto, olha pra mim. Eu sei que você tem medo. Eu também tenho, mas eu não vou... EU NÃO VOU NAUFRAGAR NO TEU MAR.
– Juba... – Ele não parece convencido.
– Guto, olha pra mim. Eu sei que não é fácil. Sei que a gente não se conhece bem, que tudo aconteceu muito rápido, mas eu não quero ir embora. Eu não quero viver outra coisa. Eu não quero conhecer outro alguém. Você consegue entender? Eu quero você.
– Ele abre um sorriso.
– Você faz tanto sentido aqui. – Ele me puxa e me beija.
– Eu amo ouvir isso. – Pulo no seu colo e quase caímos no chão.
– Você é doidinha... – Ele me segura.
– Por você. Sou doidinha por você. – Nos beijamos e ele me leva pra varanda.

Ele me prensa contra a porta de vidro e devora meu pescoço. Ainda estou em seu colo, com as pernas em volta de sua cintura. Ele me segura com força e suspiro com o calor de seu corpo. Arranho suas costas e levo os lábios ao seu ombro. Ele, me mantendo no lugar, arranca a camisa. Eu fico tensa. Volta rápido para minha pele e me morde aflito. Ele desce a manga da minha blusa. Não sou capaz de continuar.

– Guto, estamos na varanda. Não podemos continuar aqui.

– Ele estreita os olhos, me beija e completa:

– Estamos no 12º andar. Ninguém vai ver a gente aqui. – Olho em volta e, realmente, ninguém consegue ver. Relaxo e deixo que ele me conduza. Nosso amor precisava ser concretizado na varanda.

Saio do banho e encontro Guto na cozinha. Lindo, só com a calça jeans, esquentando o lanche que esfriou. Quando o bendito chegou, eu estava dentro do carro do Vicente resolvendo a minha vida. No forno demora mais e, enquanto esperamos, ele massageia meu ombro. Esse homem só me surpreende. Fecho os olhos e deixo que sua mão aperte a tensão de uma noite importante e tensa. O fim de um ciclo com Vicente, sinceridade com Guto e amor na varanda. Quanta coisa. Vou deixando os músculos descansarem e o sono vai ganhando força. Abro os olhos quando ele tira as mãos de mim e coloca o lanche na mesa. Eu nem sabia que estava com tanta fome, mas, ao comer, percebo que o jejum já completava muitas horas. As pálpebras pesam. Vou ao banheiro e escovo os dentes e o cabelo. Não dá pra fazer mais nada. Estou exausta. Amanhã será um dia melhor. Mais calmo, pelo menos. Sem grandes resoluções. Assim espero.

– Está confortável? – Ele me cobre.

– Não vai dormir? – Falo, mas já estou de olhos fechados.

– Venho deitar com você em breve.

– Não consigo te esperar. Não consigo esperar nem dois minutos.

– Não precisa me esperar. Descansa.

– Tá bom. Boa noite. – Nem sei como ainda consigo falar.

– Boa noite, dorme bem! – Ele me beija a testa.

Me mexo e sinto que Guto está enrolado em mim. Pernas, braços, pés, o corpo todo. Ele gosta de dormir assim, grudado. Abro os olhos e ele já despertou. Me olha carinhoso.

– Bom dia!

— Bom dia, Guto! Dormiu bem?
— Dormi, e você?
— Capotei, nem vi a hora que veio pra cama.
— Eu vim tarde, já era quase de manhã.
— Você não dorme?
— Eu durmo o que é preciso. É que funciono bem sob as estrelas e crio melhor à noite.
— Ah, artistas... Trabalhou muito?
— Nem tanto. – Não entendo.
— E estava criando o quê? – Ele dá um sorriso.
— Coisas.
— Já sei, não está pronto e por isso não posso ver.
— Está pronto, você pode ver. Vai ver. Hoje é um dia especial. – Ele me estende A camisa.
— Especial por quê?
— É Dia dos Namorados. Eu sei que não somos namorados, mas estamos juntos, né? Ai, não sei, pensei na camisa e numa surpresa.
— Nossa, é Dia dos Namorados. Eu nem lembrava. Não preparei nada, Guto. – Sou muito atrapalhada.
— Você esmurrou minha porta ontem, Juba. Não tinha presente melhor que esse.
— Me dá aqui a camisa. – Visto-a.
— Agora faz o que precisa no banheiro que vou preparar nosso café.
— Viva o café!

Ele vai pra sala e vou ao banheiro. Faço o que preciso e, quando volto, tem um lençol tampando a passagem para a sala. Não entendo, mas sinto o cheiro do café e ouço o violão. Quando afasto o lençol, fico completamente paralisada com o que vejo. Eu esperava qualquer coisa na vida. Um quadro com meu rosto, uma festa, um elefante na sala, menos o que vejo diante de mim. Fico completamente boquiaberta e não consigo conter a emoção.

Não há nada na sala. Sumiram a televisão, os cavaletes, a mesinha, tudo. Está completamente deserta. No centro há um pufe e Guto está sentado com o violão, mas o que me espanta não é isso. É a parede ao fundo. A grande parede do apartamento está completamente pintada.

Um céu azul no topo. Um mar com tons de verde e azul ocupa quase tudo. Ondas quebram e há areia próximo ao rodapé. Um grande farol ocupa a parte esquerda da parede e conchas preenchem o chão. Onde ele conseguiu esse tanto de concha? Como ele fez isso em uma noite? Que homem é esse? Que artista.

Quando olho pra ele de novo, completamente enlouquecida, ele começa a cantar. Apenas admiro a cena de Guto, na "praia", tocando e cantando pra mim. Quando termina, estou sem palavras.

– Anda, vem cá. – Me jogo em seus braços.
– Como você fez isso tão rápido?
– Eu já tinha rascunhado e tinha todos os materiais aqui.
– E essas conchas todas no chão?
– Essas eu comprei. Não podiam faltar, né?
– Esse céu, olha a mistura de cores do mar. Você é um artista incrível, Augusto. Essa é a praia mais linda que eu já vi.
– Ela é toda sua.
– E esse grande farol? Ele é forte e imponente, né? Mas tem uma delicadeza nos traços.
– Ele representa você, Juba!
– Eu? Como assim?
– Você é o farol que ilumina a minha vida.
– Ah, que coisa linda.
– Que ele não se apague. – A insegurança?
– Esse farol não vai se apagar, Guto. Ele está mais aceso do que nunca.

– Juba... – Ele faz uma pausa, olha pro chão e respira fundo. Aproveito e respiro também.

– Pode falar. – Estou com medo.

– Juba... Acho que eu te amo. – E agora? O que eu respondo?

Olho para ele com ternura, mas posso ver a tensão em seu olhar. Ele espera que eu diga o mesmo e, diante do tamanho dessa surpresa, eu deveria dizer. Ele trouxe a praia até mim. Ele pintou uma parede inteira. Cobriu o chão de conchas. Tocou músicas maravilhosas. Que mulher no mundo não amaria esse homem? O problema é que AMOR é uma palavra importante demais. Não sei dizer se o amo mesmo. Queria sentir, mas não sei se sinto. Tem coisas demais acontecendo na minha vida. Talvez seja cedo demais, não sei. Não posso mentir pra ele assim. Ele não merece isso. Não posso dizer essas palavras tão fortes e importantes sem ter certeza. Eu o quero. Desejo-o. Mas amar? Não sei. É muita pressão. Permaneço quieta e ele baixa os olhos.

– Tudo bem, Juba. Seu silêncio diz tudo. – Ele se afasta.

Eu sei dos seus medos e das consequências que posso enfrentar por decepcioná-lo assim. Sei que ele preparou tudo isso para dizer essas três palavrinhas, mas não posso fazer isso. Seria leviano da minha parte. Vou jogar as cartas na mesa. Vou abrir o coração pra ele.

– Guto, eu estou maravilhada com seu gesto. Estou encantada com tudo o que fez e faz por mim...

– Mas? – Ele está claramente triste.

– Mas eu gosto demais de você para dizer algo que não sei.

– Ok. Entendi. Não precisa dizer mais nada. – Ele vai pro quarto e fecha a porta. Pronto. Recuou.

Não vou deixar as coisas assim. Não vou estragar tudo o que ele preparou. Mas também não posso maquiar o que sinto. Vou até a cozinha, coloco pães, duas canecas e o bule de café numa bandeja que ele mesmo pintou. Pego o celular, ignoro uma mensagem da Laura (ela vai entender depois) e deixo a música perfeita pronta para ser tocada. Na hora certa, coloco pra ele ouvir. Faz tempo que precisamos ter essa conversa. Chego na porta do quarto, respiro fundo e bato três vezes. Não vou invadir o momento dele.

– Pode entrar. – Abro devagar e quase deixo a bandeja cair.

– Ai, caramba! Quase foi tudo pro chão. – Ele dá um sorrisinho quando me vê tentando equilibrar tudo.

– Quer ajuda? – Ele está deitado na cama.

– Acho que consegui. – Coloco a bandeja no meio da cama e me sento ao seu lado.

– Desculpa ter saído daquele jeito.

– Não precisa se desculpar. Na verdade, eu que devo desculpas.

– Você não precisa se desculpar por não sentir o mesmo que eu. São as malditas expectativas.

– Aí é que está, Guto. Não é que eu não sinta o mesmo que você. Talvez eu também sinta, o problema é que eu não sei. Muita coisa aconteceu na minha vida. Muita coisa aconteceu nas últimas semanas. Às vezes eu fico confusa e não quero mentir. – Coloco café nas duas canecas e ele se senta.

– E eu te assustei, né? – Ele lamenta.

– Não me assustou, Guto. Só não posso dizer que te amo se não sei bem o que tô sentindo.

– Eu não quero pressionar você. Eu sou muito intenso mesmo.

– A intensidade não é um problema, Guto. Eu também estou aqui com toda a minha intensidade.

– Mas eu te pressionei.

– Não é pressão. Só acho que precisamos conversar. Nos conhecemos há muito pouco tempo e ainda sabemos pouco um do outro. Quero que entenda que vivi coisas que me deixam confusa quanto ao amor.

— Eu quero te conhecer melhor, Juba.

— Eu acabei de me separar, Guto. Eu não sei nem o que é viver sozinha. Fui da casa dos meus pais pra casa do Vicente. Quando ele foi embora, conheci você.

— Isso foi ruim?

— Não. Isso foi maravilhoso. Conhecer você foi a melhor coisa que poderia ter me acontecido. Tenho descoberto coisas incríveis ao seu lado.

— Mas isso não te faz me amar.

— Eu não sei direito o que é o amor, Guto. O amor saudável, gostoso, leve... Não sei se já vivi isso. Não sei se é o que temos aqui. Eu só não sei.

— Você não amou o Vicente?

— Eu amei, sim, o Vicente. Amei a ideia de ter uma família com ele e acreditei que ele fosse a pessoa certa. Eu digo que amei porque foi algo que senti com intensidade, mas, hoje, não sei dizer se era amor de verdade. Me fez muito mal.

— O amor faz mal às vezes, mas não deixa de ser amor.

— Então... Deve ter sido amor mesmo. Mas doeu. Me feriu. Não sei se quero viver aquilo de novo.

— Eu não vou fazer com você o que ele fez.

— Eu sei que não. Você é completamente diferente dele. Infinitamente melhor.

— Mas você tem medo, né?

— Não tenho medo de reviver aquela história com você, mas preciso entender o que sinto. Preciso amadurecer o que estamos vivendo.

— Você precisa de mais espaço? Quer ir mais devagar?

— Guto, se eu quisesse espaço, se eu quisesse ir devagar, não teria esmurrado a sua porta ontem. Eu não quero estar em qualquer outro lugar no mundo. Não quero estar no apartamento ao lado. Eu quero estar aqui. Nessa cama. Com você. Só com você.

– Mesmo sem entender o que sente?

– Eu não sei definir o que sinto agora, mas eu sinto algo muito forte e bonito por você. Talvez não consiga chamar de amor ainda, mas isso não diminui a importância. Diminui?

– Não, Juba. Não diminui, mas é difícil pra mim. Você pode descobrir, a qualquer momento, que não é amor e ir embora.

– Você também pode descobrir que não é amor e ir embora.

– Mas eu já sei que te amo, Juba

– Mas pode deixar de amar.

– É um risco.

– É um risco que nós dois estamos correndo. O amor é sempre um risco, não é?

– Sempre é. Por isso a gente fala o que sente, Juba.

– E eu estou fazendo exatamente isso, Guto. Dizendo que é tudo muito recente e eu não sei definir o que sinto. Mas que é forte, bonito e que eu quero você. Eu não quero mais ninguém.

– Entendo.

– Você quer que eu diga sem ter certeza?

– Não.

– É isso. Foi lindo te ouvir dizer que me ama, mas outro dia você me disse uma coisa que foi ainda mais forte e significativo.

– O quê?

– "Você faz sentido aqui". Quando eu te ouvi dizer essas palavras, entendi a importância que eu tinha.

– Você faz. Aquele foi um "Eu te amo". Foi o meu "Eu te amo".

– Guto, você faz sentido aqui. Disso eu não tenho nenhuma dúvida. Se isso é um "Eu te amo", então eu digo sem medo de errar. VO-CÊ FAZ SEN-TI-DO A-QUI. – Ele sorri.

– A gente faz tanto sentido.

– Você é o sentido, Guto. Vamos viver isso com toda a nossa intensidade. Vamos mergulhar nesse mar lindo que você pintou.

— Eu quero viver tudo isso com você, Juba, mas...
— Mas eu ter dito que não sei definir o que sinto te deixou inseguro.
— Não posso mentir.
— É isso, eu também não quero mentir. E a verdade é: eu quero você. Quero fazer sentido, ser o sentido, viver o sentido, seguir nesse sentido.
— Tem certeza?
— A mais absoluta de todas, Guto. Eu passei a vida toda seguindo o caminho que os outros definiram para mim. Estudei o que queriam, mantive o casamento que queriam, me comportei como queriam, vesti o que queriam, fui aos lugares que queriam... Eu nunca pude ser eu mesma. Pela primeira vez na vida eu estou fazendo o que eu quero, do jeito que eu quero, com quem eu quero. E é você, Augusto.
— Ah, Juba. Eu não sei o que dizer agora. Só que você faz sentido aqui.
— Você faz sentido aqui.

Ele vem pra cima de mim e me beija com fervor. As canecas viram no edredom e sujam tudo. Ele percebe, mas não se importa. Nos amamos ali, entre café, pães e sentido. Estou descansando em seu ombro quando ele suspira e me beija o topo da cabeça.

— Ainda está com medo, né? — Queria que ele ficasse bem.
— Na verdade, estou, mas você é um risco que eu quero correr.
— Somos um risco, mas um risco seguro. Um risco lindo numa tela em branco.
— Como na música que fiz pra você.
— Você já fez tanto por mim, Guto. Prometo fazer mais por você.
— Você já fez mais do que pode imaginar, Juba.
— Você faz sentido aqui, Guto.
— Eu amo te ouvir dizer isso.

– Posso repetir isso mil vezes, mas posso tomar um banho primeiro?

– Pode, claro. Vou preparar alguma coisa pra gente comer.

Depois do banho noto que não tenho mais roupas limpas. Preciso ir pra casa, mas só de pensar em entrar naquele lugar meu coração desanima. Vou pra cozinha.

– O que está preparando? O cheiro está bom.

– Bife acebolado. – Ele me olha e pisca.

– Perfeito.

Jantamos num clima leve e sem percalços. É um alívio tão grande estar com ele.

Na tarde seguinte, resolvo ir pra casa. Não dá pra continuar sem roupa por aqui. Preciso de peças limpas e de organizar algumas coisas. Já é de tarde quando Dona Carmem me liga. Ainda bem que vim pra cá.

– Oi, mãe. Tudo bem por aí?

– Oi, Juliana. Tudo péssimo, né? – Ela parece chateada.

– Nossa, por quê? Aconteceu alguma coisa? O papai está bem?

– Estamos bem aqui, quem não está é o Vicente, né? O que foi que você fez? – Não. Não. Não é possível.

– Eu não fiz nada. Apenas mantive o que disse há dois meses. Acabou. – Não vou entrar nessa briga. Estou muito feliz para eles estragarem meu dia.

– Sua sogra me ligou. Vicente está péssimo. Chorando pelos cantos, não quer comer, está emagrecendo. Quer o quê? Que seu marido fique doente? E se ele estiver com uma depressão? – Ela está tentando apelar e fala como se ainda fôssemos um casal.

— Primeiro que ela é minha EX-sogra e ele é meu EX-marido. Segundo que ele não está com depressão, não é assim que funciona. O que ele tem é tristeza profunda. Foi isso que eu vivi nos últimos anos.

— Já que você se sentiu assim, vai se vingar causando o mesmo nele? Não é muita crueldade?

— Crueldade é voltar só pra ele se sentir bem e eu ser infeliz pra sempre. Não entendo por que você olha tanto pro lado dele e ignora o que sua filha diz.

— Eu não ignoro o que você diz, Juliana. Eu só acho que você está cometendo uma loucura e ele parece ser o mais consciente. Tenho o Vicente como um filho, você sabe.

— Então adota ele, mãe. Assim nos tornamos irmãos e essa história de casamento acaba.

— Não seja irônica comigo, Juliana. — Ela não gostou.

— Mãe, esse assunto está encerrado. Não tem mais casamento. Ponto final. Agora tenho que ir que tem panela no fogo. — Uma mentirinha de leve.

— Onde você está? — Que mania de perguntar isso toda vez.

— Mãe, estamos numa pandemia. Estou em casa. Quer uma foto?

— Eu me preocupo com você. É só isso. Não precisa de nada. Você não se importa, né? — Agora vai fazer drama.

— Mãe, tem panela no fogo. Eu me importo, mas agora não posso falar. Liga pro Vicente.

— Você anda muito mal-educada. Vou conversar com seu pai.

— Isso. Conversa com o papai. Beijos. — Desligo.

Fui mal-educada e não deveria ter falado com ela assim. Me culpo. Um pouco. Ou posso culpar Mercúrio retrógrado. Ela é minha mãe e a amo profundamente, mas não dá mais pra viver assim. Ela não ligou para saber de mim, mas para reclamar que

Vicente não está bem. Não é justo que meu dia seja estragado assim. Estou vivendo uma fase nova e mereço paz.

O sol começa a se esconder no horizonte quando vou até a varanda. Gosto de ver o dia findar-se e dar boas-vindas à noite. Estou contemplando o céu quando ouço a voz do motivo do meu sorriso. Ele deve estar ao telefone, mas logo desliga.

– Oi, Juba, vem pra cá. Tenho uma coisa muito importante pra te contar. – Meu coração aperta.

– É mesmo? O quê?

– Vem! – Nem penso duas vezes. Pego a mochila e corro pra lá.

Ele me recebe e vamos pra cozinha. Como passamos tempo aqui, né? Eu gosto.

– Está preparada? – Ele está me deixando nervosa.

– Estou. – Ele parece feliz. Estou confusa.

– Seu João sai do hospital em dois dias. – Ele fala quase gritando e eu respiro tão aliviada!

– É mesmo? Ele está bem? Está curado? – Seu João merece tanto. Ah, eu não poderia receber notícia melhor.

– Ele está curado. Ainda tem dificuldades para andar e precisa de cuidados e remédios, mas está bem e vai pra casa.

– Ah, Seu João está bem! Nem posso acreditar. Como é bom saber disso. Que alívio. – Ele me dá uma cerveja e brindamos.

– Viva Seu João!

– Viva Seu João!

– Acho que podemos comemorar, hein? Terminamos o jantar e vamos tomar umas cervejas na banheira, o que acha?

– Acho ótimo.

Conversamos e rimos de algumas histórias antigas. Falar de passado nunca é fácil pra ele. Em determinados momentos, ele parece que sai de órbita e depois volta. O que será que machucou esse homem?

Ele sai da banheira, se enrola na toalha e vai até o quarto da bagunça. Será que vai mexer nas telas antigas? Ainda estou deitada na água quente quando ele volta com dois roupões ainda na embalagem.

– Comprei pra gente. Chegaram ontem. – Ele abre e vejo que são brancos.

– Adorei. Acho tão chique. – Me levanto e ele me veste com o roupão. É tão macio.

– Quero pintá-los depois. Deixar personalizados. O que acha?
– Está mais animado.

– Eu acho maravilhoso. Vou ter mais uma obra sua. E essa ainda vou poder vestir. – Ele ri, segura minha gola e me puxa para um beijo.

– Você ainda não entendeu que pode ter o que quiser de mim?

– Quero tudo o que estiver disposto a me dar. – Ele me beija a testa. Entende o que eu quero dizer.

CAPÍTULO 12

*O amor só faz morada
onde o respeito
é maior que o orgulho*

Monika Jordão

Laura
| Oi, sumida. Tá viva? |

Juliana
| Estou no Guto. Depois nos falamos |

Vou ao banheiro e, depois de vestir o roupão, que ainda é branco, me encaminho para a cozinha. As coisas estão do jeito que deixamos ontem. Eu já tinha organizado tudo. Assim que passo pela porta, encontro Guto preparando alguma coisa no fogão. O café está pronto na garrafa. Ele está de costas e não me viu chegar. Não sei se dou um bom-dia, se o abraço, se me sirvo de um café e espero que ele me veja. Fico meio paralisada. Ele se vira e me vê.

– Eita, que susto. Bom dia, bela adormecida. – Ele coloca a panela na pia e vem na minha direção.

– Bom dia, belo masterchef. – Ele chega perto de mim, me enlaça num abraço e me beija.

– Café, né? Preparei uma garrafa e estou fazendo omelete com queijo. – Ele sorri e parece leve.

Ele volta pra panela e eu pego café. Viva o café. Ele serve a omelete, que está linda, e se senta ao meu lado. Me puxa e dá um beijo na minha testa. Um beijo longo e afetivo. Esse homem é demais. Ele dá a primeira garfada e eu dou um gole. Nem sei se estou com fome. Vou puxar um assunto.

– Guto... – Ele me corta rápido.

– Hoje estava pensando que a gente pode pedir um sushi e pintar os roupões. O que acha?

– Acho ótimo, vou adorar.

– Eu tenho algumas tintas de tecido, pintamos nos cavaletes mesmo. Depois colocamos pra secar na varanda. Amanhã estarão prontos e lindos. Vai ser divertido.

Dou uma garfada na omelete. Ele pega o garfo e volta a comer. Ficamos em silêncio, é um silêncio confortável. Estamos trocando olhares quando meu celular toca. Laura, minha ansiosinha. Viva a chamada de vídeo.

– Oi, Dona Juliana. Nem lembra mais das amigas.

– Ah, que dramática.

– Saudade, né?

– Saudade.

– Tá no Guto? Quero falar com ele.

– Mas você não estava com saudade de mim?

– Já matei a saudade, passa o telefone pra ele. – Laura é muito cara de pau. Eu amo isso nela.

– Oi, Laura. Tô aqui, sim. – Guto até sorri.

– Guto, meu amigo, tudo bem? Como você está? – Eu já começo a rir.

– Tudo bem, Laura, e você, está bem?

– Brigada com o meio namorado, então estou meio assim.

– Posso ajudar?

– Não sei, devo manter o silêncio?

– Se você quiser torturá-lo, sim.

– Na verdade eu já falei com ele. Essa coisa de não falar é difícil.

— E você está aliviada?
— Pelo quê, Guto?
— Por ter falado com ele.
— Thomaz é foda, Guto. Ele é um orgulhoso. Eu só quero saber como faço para torturar esse homem sem precisar do silêncio. Você pode me ajudar com isso?
— Laurex, você gosta dele?
— Tá bom, eu gosto, mas não conta pra ele. E adorei que me chamou de Laurex. Somos, oficialmente, amigos.
— Eu não vou contar, mas você deveria. Ele pode estar esperando por isso, amiga. — Rimos.
— Quem está esperando por isso sou eu.
— Um de vocês precisa dar o primeiro passo, né? — Ele parece tão sensato.
— Não serei eu, pode apostar. — Laura é teimosa. Me intrometo.
— Eles são orgulhosos. Eles vivem essa guerra de egos.
— Tá todo mundo com medo, né? — Ele olha pra mim.
— Eu não estou com medo de nada. Vou cozinhar o Thomaz.
— Você pode acabar se arrependendo, Laura.
— Quem vai se arrepender é ele, Guto. Enquanto ele não me disser que gosta de mim e quer voltar, vou cozinhar bem devagar. — Rio de novo.
— Está bem, depois me conta como está indo.
— Te conto, amigo. Agora tenho que ir. Minha série está pausada e a Netflix vai perguntar se tem alguém aqui. — Ela dá um sorrisinho sarcástico.
— Está bem. Boa série aí. — Guto dá um tchauzinho e Laura desliga.

O silêncio volta a nos habitar, mas logo Guto me puxa para seu colo e me beija. Meu celular toca de novo. Deve ser a Laura querendo mais conselhos. Nem olho e já entrego o aparelho pra ele, mas seu rosto não parece amigável.

– Acho que o seu ex-marido não vai gostar se eu atender a ligação. – Ah, não. Vicente não.

Só de pensar que Vicente está do outro lado da linha a omelete quase volta. Eu recuso a ligação e vejo um sorrisinho nascer nos lábios de Guto. Ele está inseguro e não é hora de Vicente atrapalhar as coisas. Ele liga mais uma vez e recuso de novo. Não vou desligar o aparelho. Vou recusar todas as chamadas bem na cara dele. Assim ele entende que não quero falar e Guto vê que estou 100% aqui. Depois da terceira tentativa, Vicente desiste e respiro aliviada.

Assim que terminamos de arrumar as coisas na cozinha, é o telefone dele que toca. Eu nem olho pra não parecer que estou preocupada com quem quer que seja. Ele atende na cozinha mesmo e logo noto que é minha futura sogra. Ou devo chamá-la só de agente?

– Eu sei, mãe. Tá bom! Isso, está quase pronto. Te mandei a foto, você mesma viu. Tá bom, depois me manda o briefing e fala com o Mauro sobre a obra dos pontos, não vou mudar coloração nenhuma. Isso. Tá bom. – Ele logo desliga e é impressionante como a conversa só gira em torno de trabalho.

– Tudo bem com a sua mãe? – O rosto dele é tão neutro que nem sei explicar.

– Tudo bem. Só tenho algumas coisas para entregar.

– Prefere que eu vá pra casa? Não quero te atrapalhar...

– Você não me atrapalha, Juba. Eu que não vou poder te dar atenção.

– Vou pegar meu notebook e volto pra cá. Vou procurar alguma coisa para fazer na internet enquanto você trabalha, pode ser? – Ele dá um sorriso.

– Pode. Perfeito.

Quando entro no apartamento, minha vontade é sair correndo. É impressionante como esse lugar não me acolhe e, a cada dia que passa, me faz mais mal. Essa foi a motivação para a cagada de tentar morar com Guto. Não foi uma intensidade alucinada, foi uma tentativa de fugir de uma casa que me traz recordações dolorosas. Pego o notebook, algumas roupas, milho para pipoca e uma garrafa de gin que ainda estava na geladeira. Não moro com Guto, mas passo mais tempo lá do que aqui.

Quando volto, ele já está trabalhando. Guardo o que trouxe na cozinha e lhe dou um beijo no ombro antes de me acomodar no pufe. Abro o computador, mas o observo trabalhar. Ele dá algumas pinceladas numa tela já cheia de cores. Não entendo bem o que tem ali, mas está ficando bonito. Vez ou outra ele olha pra mim e volta ao trabalho. A mão vai à nuca duas vezes e percebo que ele está incomodado. Já conheço esse sinal. Resolvo lhe dar mais privacidade para criar. Não deve ser fácil mesmo fazer isso com alguém observando.

– Vou ver série lá no quarto, tá? Qualquer coisa, me chama.

– Já viu *Friends*? – Parece que ele gosta, falou tão animado.

– Nunca vi. Sei que todo mundo fala dela, mas nunca tentei.

– Eu recomendo. Dá uma chance pra eles. – Ele fala como se fosse amigo dos personagens.

– Vou tentar, tá? – Ele me beija. Gosto do que estamos criando aqui.

Achei *Friends* na Netflix, mas tem milhões de temporadas e só isso já me dá preguiça. Vou tentar, vai... Espero conseguir. Guto parece gostar muito e essa série fez bastante sucesso. Deve ser boa.

Gente, mas essa risada fake ao fundo está me irritando. Muito. Eu sei quando é engraçado, não preciso desse tutorial de risadas. Ah, vou ver outra coisa. Guto que me perdoe.

Tento outras séries, mas me irritam também. Tento ler um livro, mas não me concentro. Preciso de alguma coisa que me cative.

Começo a procurar cursos online e encontro um sobre primeiros socorros. A médica frustrada que vive em mim se anima. O curso tem vários módulos e o preço é bom. Faço a compra e já assisto a primeira aula. É sobre anatomia. Já estou me sentindo a nova residente de Grey's Anatomy.

Já estou no fim da aula de anatomia quando meu celular toca. Acho que é Vicente, mas é um número estranho. Será que o infeliz arrumou outro número para me ligar? Acho que não pensaria nisso. Atendo.

– Alô.

– Senhora Juliana? – Com essa voz grossa, não é o Vicente.

– Isso. Eu mesma, quem fala?

– Sou Heitor Costa Melo, advogado. – Até que enfim Vicente mandou o advogado.

– Ah, o senhor é o advogado do meu ex?

– Não, senhora. Quem nos deu seu contato foi Laura Tavares. Ela informou que a senhora precisa de um advogado de família e meu escritório me designou para o seu caso. – A Laura não tem limites, né?

– Ah, a Laura, entendi. É. Eu preciso de um advogado para cuidar do meu divórcio. Meu ex-marido está dificultando as coisas.

– Podemos marcar uma reunião por vídeo para falarmos sobre os detalhes? Quando é bom para a senhora?

– Pode ser logo?

– Podemos deixar marcado para amanhã às 10h?

– Pode ser de tarde? Estou com pressa, mas gosto de dormir até mais tarde.

– Às 15h fica bom?

– Fica ótimo.

– Então até amanhã.

Fico alguns minutos com o celular na mão e não sei bem o que sentir. Estou meio irritada com a Laura. Mais uma vez alguém está tomando atitudes por mim. Eu sei que ela fez isso para o meu bem e que eu precisava mesmo tomar uma atitude, mas outra pessoa fazer isso por mim, mais uma vez, me deixa desconfortável. Não vou brigar ou reclamar com ela, mas fico pensando. Será que todo mundo age por mim por que eu nunca faço nada? Será que eu não sei cuidar da minha vida? Me incomoda pensar nisso. Quero o divórcio, tenho certeza disso, mas falar com um advogado me parece tão radical. Isso poderia ser resolvido sem machucar ninguém. Não quero brigar. Só queria paz.

O celular vibra na minha mão e me assusto. Vicente. Não vou atender. Ele liga de novo. Não vou atender. Já não estou mais incomodada com a Laura. Vamos logo acabar com isso. Ainda bem que ela tomou uma atitude por mim. Cara chato.

Guto entra no quarto e repara na minha cara irritada.

– *Friends* te deixou tão nervosa assim?

– Não. *Friends* me irritou um pouco, mas não é isso.

– E assistiu o quê?

– Comprei um curso de primeiros socorros. Já que não posso fazer Medicina, posso aprender a salvar alguém.

– E o curso é ruim?

– O curso é maravilhoso, nem senti o tempo passar. É que o advogado ligou e amanhã tenho uma reunião. Essas burocracias me irritam. – Não vou dizer que Vicente continua ligando.

– Isso te irrita também? – Ele avança e me beija. O beijo esquenta. Esquenta um pouco mais. Mais um pouco. Um pouco mais. Mais um pouco...

Roupas são arremessadas. Mãos indagam pele desnuda. Lábios balbuciam uma sentença censurável. Dedos harpeiam zona latente. Pernas rodeiam cintura. Olhos reviram. Línguas dançam coladas e nossa respiração, entrecortada, evidencia o deleite uníssono. Permanecemos na mesma posição por alguns minutos para nos recuperarmos e Guto quebra o silêncio.

— O que vamos jantar?

— iFood? — Não quero ir pra cozinha e acho sacanagem ele cozinhar de novo.

— Massa?

— Adoro!

Jantamos um canelone ao sugo e rimos porque, obviamente, me sujei. O telefone tocou e, no susto, o molho foi parar na minha camiseta. Era Vicente, mas Guto não viu e eu disse que era um número desconhecido. Será que o advogado já ligou pra ele e ele está apavorado me ligando? Mas eu ainda nem contei nada pro tal Dr. Heitor. Não pode ser isso. Ele quer voltar? A conversa no carro não foi suficiente? O que mais ele quer de mim? Guto traz o sorvete que pedimos junto com o jantar e nos deliciamos. Gin e mais gin! O telefone toca e eu silencio, mas ele percebe que tem algo errado.

— É ele de novo? — Não quero correr o risco desse homem recuar.

— Não. É minha mãe. Não quero brigar hoje, estou feliz demais com você e o curso de primeiros socorros. — Odeio mentir.

— Se quiser falar com ela, posso ir pro quarto. Ou posso lavar a louça enquanto isso.

— Não, a louça é minha. Você já faz coisas demais. — Ele me beija e eu não consigo evitar o pensamento de que esse homem é tudo de que eu precisava. A gente faz muito sentido junto.

Quando me levanto sinto a sala girar levemente e sei que isso é o gin me dando boas-vindas! Ah, meu amigo, gosto tanto dessa tonteirinha que você me causa. Levamos tudo pra cozinha e me posiciono para lavar a louça. Como nunca fui boa no fogão, sempre fiquei com essa parte das tarefas. Desde a casa da minha mãe. Começo lavando os pratos. Depois é a vez dos talheres e, por fim, os copos. Guto se senta e me observa enquanto me conta uma história da sua adolescência. Estou ensaboando uma taça quando ouço meu celular vibrar na mesa. Meu coração dispara. O celular está do lado dele e ele vai ver que é Vicente. Vai deduzir que eu menti. Vai criar mil paranoias e tudo vai por água abaixo. Me viro apressada para pegar o celular, mas Guto está olhando pra mim. Seu rosto expressa pânico e eu entro em pânico também. Sabia que ele não reagiria bem, mas esta cara está muito assustada. Só quando ele fala me dou conta do que está realmente acontecendo.

– Sua mãe está ligando, Juba, mas você não pode atender agora. Está sangrando muito. – Ele pega um pano limpo e vem na minha direção.

Olho para a cena e entendo. No susto, quebrei a taça e cortei o dedo. Está doendo. Está doendo muito.

Guto está atordoado e eu tento manter a calma. Sangue nunca me assustou, mas o meu já sujou a pia, o chão e a minha roupa. Na verdade, estou nervosa é com o telefone, que não para de tocar. Quem inventou essa merda? Guto envolve minha mão na toalha e me olha alarmado.

– O que aconteceu?

– Eu não sei, me assustei com o telefone e acho que quebrei a taça.

– Acha? Você quebrou a taça e se cortou, Juba. A taça nem é importante, mas você está machucada.

– Não é nada demais, Guto. Um curativo resolve.

– Juba, tem muito sangue aqui. Não sei se um curativo resolve. – Ele está assustado.

– Vamos estancar esse sangramento e manter a calma. Enrola o pano... Aqui, ó... – Tento mostrar para ele, mas Guto está tremendo e mal consegue dar a volta na minha mão.

— Assim? — Ficou meia-boca, mas vai segurar o sangramento. O telefone toca de novo e quero arremessar na parede.

— Pega meu celular pra mim? Vou jogá-lo do 12º andar.

— Eu pego, mas não aconselho o arremesso. Por que você não atende e resolve o que quer que seja? — Ele tem razão, mas não quero me estressar. Nunca quero, né?

— Me dá ele aqui? Vou atender. — Quando pego o aparelho, é meu pai quem está ligando. Tem alguma coisa acontecendo. Ele não é de ligar assim.

— Alô, pai? Está tudo bem com você? — Guto se afasta e apoio a mão com a toalha na bancada.

— Então seu pai você atende, né, Juliana? — Dona Carmem não fez isso. Não é possível.

— Ah, mãe, você ligou do celular do papai pra me testar?

— Eu queria saber se você estava mesmo ocupada ou só não queria falar com a sua mãe. Já vi que é a segunda opção.

— Eu estava realmente ocupada, mãe. Estava lavando a louça quando você ligou. Eu levei um puta susto, quebrei a taça e cortei a mão. Isso é ocupada o suficiente pra você?

— Você se cortou, minha filha? Está tudo bem? — Agora amansou, né?

— Não sei, você continuou ligando incessantemente e eu nem consegui ver ainda. Estou com a outra mão enrolada numa toalha.

— Você está me responsabilizando pelo seu machucado?

— Não, mãe, eu estou dizendo que estava ocupada lavando a louça e que agora estou ocupada tentando cuidar do meu machucado. Nem tudo diz respeito a você.

— Disso eu tenho certeza, Juliana. — Como ela é dramática, meu Deus.

— Mãe, por favor, não começa. O que aconteceu pra você me ligar tantas vezes?

– Precisa acontecer alguma coisa séria para uma mãe ligar para uma filha?
– Se não aconteceu nada, ótimo, eu preciso cuidar desse corte.
– Tá bom, dê notícias depois. – Desligo e Guto está pálido.
– Juba, por favor, a toalha já está toda suja de sangue. – Eu olho e não está TODA suja. Está com pontos de sangue. Isso quer dizer que o sangramento não é pequeno, mas Guto está assustado demais.
– Não é grave. Vamos olhar isso.

Vou até a pia, apoio o braço e desenrolo a toalha. Vejo o corte, mas, sem a pressão da toalha, logo jorra mais sangue. Guto arregala os olhos e me controlo para não rir.

– Juba, o corte é feio. Acho que você precisa de pontos. – Ele tem razão.
– Sim, vou precisar de pontos. – Enrolo a toalha de novo e penso em como vou resolver isso. Ir para o hospital não me parece uma boa ideia no meio de uma pandemia.
– O curso que você fez hoje é suficiente para resolver sozinha?
– Não deu pra segurar. Rimos os dois.
– Claro que não, mas as 16 temporadas de *Grey's Anatomy* me deram alguma noção. Viu só, melhor que *Friends*. – Rimos ainda mais.
– Não fala assim. – Ele me beija delicadamente.
– Hey, está tudo bem. Tem um veterinário aqui no prédio. Vou ver se ele pode olhar esse corte. – Não quero ir pro hospital de jeito nenhum.
– Um veterinário, Juba?
– Ele pode ver isso. Não quero ir pro hospital.
– Mas não é melhor? Tem que ver isso direito.
– Não é grave. Liga na portaria e pergunta qual o apartamento do veterinário.

— Juba, vamos ao hospital. Eu levo você.

— De jeito nenhum. Você é do grupo de risco e, se eu for sozinha, vou ter que ficar completamente isolada no meu apartamento por duas semanas. — Só de pensar nisso um frio me percorre a espinha.

— Juba, eu não quero ficar longe de você por duas semanas, mas você não pode negligenciar esse corte.

— Eu sei, por isso o veterinário vai ver. Se ele disser que é preciso, vou ao hospital, mas espero convencê-lo do contrário. Não quero ficar sozinha de jeito nenhum.

— A gente pode voltar a conversar das varandas.

— Não gosto dessa ideia.

— Tá, vou ligar lá na portaria.

Ele consegue o apartamento do veterinário e decido ir até lá sozinha. Primeiro porque ele não pode se arriscar, segundo porque não quero que ele fique dizendo que é melhor ir ao hospital. Bato na porta do cara sem nem o conhecer. Sei que ele existe porque Seu João me contou uma vez. Inclusive, saudade do Seu João. O homem abre a porta e eu entro em choque. Ele é mais bonito do que eu pensava.

— Boa noite, tudo bem? Desculpe bater na sua porta assim. É que eu me cortei. Eu estava lavando a louça e quebrei uma taça quando o celular tocou. O vidro cortou minha mão e eu não quero ir pro hospital. Pandemia, né? Não quero arriscar. — Ele começa a rir atrás da máscara.

— Você sempre fala tanto assim? — Ah, já estou passando vergonha.

— Só quando eu tô nervosa. — Eu disse isso mesmo?

— E você está nervosa por quê? — Já está se achando.

— Talvez porque tenha um corte grande no meu dedo e esteja doendo muito. E talvez porque eu também não queira ir pro hospital e por isso tenha batido na porta de um estranho. – Falei muito de novo.

– Qual é o seu nome?

– Juliana, mas todos me chamam de Juba. – Por que eu sempre conto isso?

– Prazer, Juba. Eu sou Luis Fernando, mas todos me chamam de LF.

– Prazer. Você pode ver meu corte?

– Claro. Entra. – Ele dá um passo e eu entro. O apartamento é organizado, mas típico de um homem solteiro. Por que eu estou preocupada com o estado civil dele?

– Mais uma vez, me desculpe aparecer assim... – Ele me interrompe.

– Juba, respira. Vem aqui. Deixa eu ver esse corte.

Ele aponta a cadeira para que eu me sente. Pega meu braço com cuidado e apoia na mesa de jantar. Ele desenrola a toalha e o corte já está mais seco. Ele acende outra luz e olha de perto.

– Que corte feio, Juba. Vidro é perigoso. Você consegue mexer o dedo?

– Consigo. – Mexo o dedo, mas sinto muita dor.

– Está doendo?

– Está. Muito. – Ele está olhando dentro do corte.

– Você precisa de uns quatro pontos aqui, Juba. Eu posso fazer isso, se você deixar.

– Você viu se pegou algum tendão ou nervo? – Olho bem no olho dele pra ter certeza de que ele sabe o que está fazendo.

– Você é médica, Juba? – Ele dá uma risadinha. Bonita demais pro meu gosto.

– Quase. Assisti às 16 temporadas de *Grey's Anatomy*. – Dou um sorrisinho também.

– Você sabe que assistir série e fazer Medicina são coisas diferentes, né? – Ah, ele é sarcástico... Entendi.

– Você sabe que fazer Veterinária e fazer Medicina também são, né? – Não saio por baixo.
– Sei, sim. Você pode procurar alguém que fez Medicina no hospital, se quiser. – Ele se levanta da mesa.
– Não, LF. Me desculpe. Eu não deveria ter dito isso. Eu não quero um médico. Sou uma anta. Você pode me dar esses quatro pontos? – Ele gargalha.
– Você não é uma anta, Juba. Fica tranquila. Vamos dar esses pontos. – Ele me dá um sorriso e vai pra dentro do apartamento.

Volta com uma maleta. Prepara o fio e todas as parafernálias, mas não vejo nenhuma seringa e isso me assusta.

– LF, você não vai me dar uma anestesia? Não tô vendo seringa nenhuma e levar quatro pontos sem anestesia não vai rolar. – Ele ri.
– Eu nunca te torturaria assim. Claro que vou te anestesiar. Você está muito nervosa. Vou pegar um vinho.
– Você vai beber antes de me dar os pontos? – Meu olhos quase saem da órbita.
– Não é pra mim, é pra você. Relaxa um pouco.
– Não posso tomar vinho. Já tomei gin hoje. Você tem gin aí? – Ele ri de novo.
– Só tenho vinho e cerveja. Quer?
– Não, mas agradeço.

Ele termina de preparar tudo. Álcool, luva, máscara e equipamentos. De repente uma seringa sai da maleta e eu respiro aliviada. Ele sorri pra mim, de novo.

– Vamos começar, ok? Pode fechar os olhos se quiser.
– Eu quero ver bem de perto.

Ele dá o primeiro ponto e não sinto nada. Santa anestesia. Ele sorri e dá o segundo ponto. Não sei dizer, mas confio nesse veterinário. Ele dá o terceiro e o quarto pontos. Estão perfeitamente alinhados. Num hospital, o residente não faria um trabalho tão bom. Que sorte a minha.

– Prontinho, Juba. Ferimento limpo, suturado e sem dor. Vou te prescrever um analgésico, mas, se inflamar, você me avisa, tá? Me dá seu número. – Ai, meu Deus. Não posso negar. Dei.

– Obrigada, LF. Nem sei como agradecer.

– Eu sei, toma uma cerveja comigo? – Ele tem um charme bonito e uma leveza. Não tem aquela intensidade avassaladora do Guto.

– Acho melhor não. Melhor eu ir pra casa. Melhor. – Me enrolo inteira e ele dá uma risadinha. Por que esses caras sempre sorriem assim?

– Tem alguém te esperando lá? – Ai, caramba.

– Na verdade, tem.

– Então é melhor você ir. Ele deve estar preocupado.

– Deve mesmo. Obrigada. De verdade.

– Não por isso, Juba. Sempre que precisar, já sabe onde me encontrar. – Eita...

– Obrigada!

– Mas espero que não se corte de novo.

– Eu também espero. – Ele me acompanha até a porta.

– Boa noite, Juba. Cuida desse curativo, está bem?

– Vou cuidar. Boa noite e, mais uma vez, obrigada! – Me viro e vou até o elevador. Olho pra trás e a porta já está fechada.

Meu celular vibra e vejo que ele está preocupado.

Augusto
| Está tudo bem por aí? |

Juliana
| Estou voltando|

Abro a porta e ele está me esperando.

– Oi. Nossa, como demorou. Eu estava preocupado. – Ele se levanta e vem até mim.

– Demorou, eu sei, é que precisou costurar mesmo.

– E deu tudo certo? Você tá com dor?

– Ainda estou anestesiada, sem dor. Pega o álcool em gel e aquela minha blusa ali pra mim? Quero me limpar pra poder te dar um abraço logo. – É tudo de que eu preciso agora.

Depois do procedimento todo de limpeza ele me envolve e o abraço é mais do que casa. Foi um abraço-casulo. Eu me encaixei em seu peito e me deixei ser coberta.

– Quantos pontos levou?

– Quatro pontos.

– Ele prescreveu alguma coisa? Precisa comprar remédio? Fazer curativo?

– Ele deu um remédio pra dor e tenho que manter os pontos limpos, mas nada demais.

– Precisa comprar o remédio? Eu posso pedir pra farmácia entregar aqui.

– Não precisa, eu tenho em casa.

– Então tá bom. Depois você pega lá.

– Amanhã eu pego. Posso dormir aqui hoje?

– É claro que pode, Juba. Mas... você também deveria poder dormir lá. Você deveria se sentir melhor lá, né? – Ai, ai, ai.

– Guto, eu e Vicente compramos aquele apartamento juntos. Decoramos o apartamento juntos. Era um sonho que realizamos juntos. O problema é que o sonho virou pesadelo e eu não fui feliz ali.

– O que te incomoda nele?

– Tudo. Ele escolheu a maioria dos móveis, o tapete, a cor das paredes, o maldito sofá... Tudo ali me traz lembranças. Nem todas ruins ou traumáticas. Tivemos momentos bons também, mas

poucos. Enfim... aquele apartamento não é uma casa. É uma caixa de lembranças e não é bom viver numa caixa, né?
– Não é. E se a gente mudar tudo lá? Eu te ajudo com as pinturas, te dou uma ideias de decoração, a gente troca o sofá e tudo o mais. – Gosto da ideia, mas será que ele me quer longe? Será que estou impondo minha presença?
– Eu adoraria dar uma nova cara praquele lugar, mas não sei se posso reformar. Ainda não definimos como as coisas vão ficar com o divórcio. Amanhã tenho uma reunião com o advogado e posso perguntar isso pra ele.
– Faz isso. Pergunta se pode trocar os móveis e repaginar. Eu amo ter você aqui perto de mim, Juba, mas não quero que sua casa seja um lugar tão ruim. – Ufa.
– Amanhã vou pra lá e vejo esses detalhes com o Dr. Heitor. – Suspiro.
– Está assustada? O que foi?
– É que eu nunca tive que resolver coisas assim. Eu não sei nem o que preciso dizer pra ele. Eu tô me sentindo um pouco perdida, sabe?
– Entendo, você quer que eu fale com o advogado?
– Não, Guto. Eu preciso começar a resolver e decidir as coisas da minha vida. Eu preciso fazer isso sozinha, mesmo que eu não sabia. Preciso aprender a cuidar de mim. Preciso aprender, mesmo que seja na marra, sabe? Não dá mais pra depender sempre de outra pessoa. Eu já tenho mais de 30 anos nas costas.
– Tá bom, mas você também não precisa aguentar tudo sozinha, tá bom? Eu tô aqui. – É bom ouvir isso.
– Provavelmente vou precisar de você depois dessa reunião.
Nos recolhemos pra dormir e sinto que a anestesia está passando. Devo começar a sentir dor em breve. Ainda bem que tenho muito gin na cabeça. Preciso de uma boa noite de sono.

CAPÍTULO 13

*Sou tão confusa
que quase consigo
me entender*

Monika Jordão

Acordo e vejo que Guto ainda dorme. É raro eu me levantar antes dele, mas acho que a ansiedade me fez despertar. Olho o celular e ainda são dez da manhã. Acho que vou tomar um café e ligar pra Laura antes da reunião. Saio da cama de fininho, não quero acordá-lo. A mão dói um pouco, mas menos do que eu imaginava. Pego as roupas sujas e deixo um bilhete na cozinha.

*Fui resolver a vida e já volto.
A uma parede de distância, sentirei saudade.*

Chego em casa e o ar já parece mais pesado. Abro as janelas todas e preparo um café. Preciso ficar minimamente confortável. Sento no tapete horroroso e ligo pra Laura.

— Olha quem acordou antes do meio-dia. — Sempre começa a conversa com uma piadinha, né?

— Bom dia, Dona Laura.

— Bom dia, Dona Juba.

— Seu advogado me ligou, viu?

— Ele não é meu advogado, é SEU advogado. — Ela aponta pra mim na câmera.

— Eu notei.

— Eu sei que prometi me controlar, mas você precisa resolver isso pra tocar a vida. Enquanto você e Vicente estiverem ligados, nada vai sair do lugar.

— É, eu fiquei um pouco incomodada. Me falar as coisas, ok, mas acionar um advogado pra mim foi um pouco demais, né?

— É, eu sei. Me desculpa. Eu pensei nisso, sei que você está tentando fazer as coisas por conta própria. Eu queria ajudar.

— Eu sei que a intenção é boa, Laurex, mas não faz comigo o que todo mundo sempre fez. Não toma decisões em meu nome, não. Por favor.

— Você tem razão. Desculpa. Quer que eu cancele com ele?

— Não. Eu marquei a reunião pra hoje. Vou resolver isso.

— Ah, melhor notícia. Hey, o que é isso na sua mão?

— Ah, quebrei uma taça ontem e me cortei. Levei quatro pontos.

— Quatro pontos? Como assim? Foi pro hospital?

— Não. Tem um veterinário aqui no prédio. Bati lá e pedi pra ele ver o corte pra mim. Ele deu os pontos lá mesmo. Bem melhor do que ir pra hospital.

— Você é maluca? Um veterinário do prédio cuidou de um corte desses? Quatro pontos é muito, Juliana.

— Se eu disser que ele era bonitão, você me perdoa?

— Me conta isso. Como assim? Era bonitão mesmo?

— Era. Era, não. É, né?

— Ah, preciso me mudar pro seu prédio, viu? Conta tudo. — Gargalho.

— Nada demais. É charmoso e só. Me chamou pra uma cerveja depois dos pontos, mas recusei. Não posso fazer isso com o Guto.

— Mas queria ter feito?

— Feito o quê?

— Não sei, você está dizendo que não podia fazer isso com o Guto. Eu te pergunto, fazer o quê?

— Tomar a cerveja com o veterinário. Seria sacanagem, né?

— E tomar cerveja com alguém é sacanagem desde quando, Juliana?

— Ah, não sei. Ele foi todo atencioso, cuidou do ferimento, sorrisinho pra cá, piadinha pra lá.

— E isso é um problema? Você não gostou?

— Gostei. Ele é legal, mas o Guto estava me esperando. Não achei justo ficar lá tomando cerveja sem falar nada.

— Entendo, mas você precisa saber que, se tivesse aceitado, não haveria problema algum, ok? Não é crime tomar cerveja com outra pessoa, tá? Não é porque você e o Guto estão se envolvendo que você está proibida de ter contato com outras pessoas.

— Não acho isso, mas senti um clima e achei melhor ir embora.

— Então teve clima??? Ah, me dá o nome desse cara agora mesmo que vou descobrir tudo sobre ele.

— Vou te mandar um foto da receita do remédio. Lá tem o nome dele.

— Trocaram telefones?

— Ele pegou meu número e tem o número dele na receita também.

— Já se falaram?

— Por que essa empolgação toda, Laura? Eu estou bem e feliz com o Guto.

— Eu sei, mas não custa ter um contatinho bom no prédio, né?
— Rimos de novo.

— Você é foda. Vou me preparar aqui pra reunião com o advogado, tá?

— Tá bom. Vou investigar um veterinário e depois nos falamos.

— Beijo, maluca.

Desligo e preparo um miojo. Almocinho fácil e rápido. Leio um pouco e vejo que está na hora da reunião. Guto não mandou nada. Será que ainda está dormindo?

O advogado liga na hora marcada e fico nervosa.
– Boa tarde, Senhora Juliana.
– Boa tarde, Dr. Heitor.

A conversa foi confusa e ele me encheu de perguntas, mas entendi que o divórcio não vai dar muito trabalho. Preciso mandar alguns documentos e esperar. Ele mesmo vai entrar em contato com Vicente. Já imagino ele e minha mãe me ligando ensandecidos. Ele disse que, na divisão dos bens, posso ficar com o apartamento e Vicente fica com os carros e com o apartamento da praia. Gosto tanto da praia, mas prefiro ficar aqui. Qualquer coisa eu vendo depois, né? Nem sei. Pior que nem sei pra quem perguntar as coisas. Meu pai não entende nada disso, Laura também não, e não é justo levar detalhes assim pra Guto. Ou é melhor envolvê-lo nisso de uma vez? Ah, como é difícil ser adulto, viu?

Olho pro apartamento e começo a pensar em tudo o que quero mudar. Começando pelo sofá e pelo tapete. Esses eu vou trocar logo. Quero dar a minha cara pra este lugar. Quero poder receber o Guto aqui. Quero me sentir bem aqui. Quero. Quero. Quero. Tô querendo coisas demais, não?

Lavo as roupas sujas e pego algumas peças limpas quando o telefone toca. Até que enfim Guto acordou. Pego o aparelho e vejo que a ligação vem do outro vizinho. Sorrio. Por que tô sorrindo assim?

– Alô.
– Oi, Juba. Tudo bem?
– Tudo bem, e você?
– Tudo bem também. Liguei pra saber do corte. Como está o curativo?
– Oi, LF. Sinto um pouco de dor, mas nada demais. – Eu deveria estar falando com ele?

— Tomou a medicação que receitei?

— Não, mas vou tomar. Estava numa reunião. — Laura disse que não é crime, né? Não tô fazendo nada de errado.

— Te atrapalhei?

— Não. Eu que te atrapalhei batendo na sua porta ontem, né?

— Não atrapalhou nada. Eu até gostei. — Ops!

— Vou troca o curativo agora. — Vamos mudar de assunto, né?

— Quer fazer uma chamada de vídeo pra eu te ajudar? — Não sei se deveria, mas acho que quero.

— Pode ser. — Ele desliga e logo liga por vídeo.

— Oi de novo! — Aquele sorriso estampado no meu celular, agora sem máscara.

— Oi de novo. Começo por onde?

— Começa indo ao banheiro. Você precisa da água boricada, gaze e esparadrapo. Tem tudo isso? — Não tenho. E agora?

— Não tenho gaze e nem esparadrapo. Posso usar algodão e fita crepe? — Ele ri descaradamente.

— Claro que não, Juba. Vou levar as coisas aí.

— Não... — Ele desliga antes que eu termine. As coisas estão saindo do controle ou é impressão minha?

A campainha toca e eu já atendo olhando pra porta do Guto. Que ele esteja no quinquagésimo sono.

— Algodão e fita crepe não dariam certo, né, Juba? — Ele ri e quase o mando calar a boca.

— Entra, por favor. — Ele entra e acho que não esperava por isso.

— Já que estou aqui, posso fazer o curativo pra você? Assim você já aprende. *Grey's Anatomy* não te ensinou isso. — Não posso negar. Rimos.

Ele refaz o curativo e a delicadeza com que conduz tudo é bonita. Por que eu fui estudar Contabilidade? Queria tanto cuidar das pessoas assim.

– Curativo feito, Juba. Mantém assim e troca amanhã, tá bom? Tem mais gaze aqui. Qualquer problema, me avisa. – Ele aponta pra sacola.

Eu o conduzo até a porta e, quando abro, vejo Guto sair do apartamento.

Fico sem ação. Tudo para por quinze segundos, mas na minha cabeça dura uma hora e meia. Guto franze a testa, mas me parece só um estranhamento. Ele também não se move e olha pra mim e para o LF. Já posso imaginar as caraminholas que está criando. O medo, o recuo, as inseguranças todas. Já posso ver seu silêncio e imaginar que as mãos vão parar na nuca em breve. Seu João abre um sorrisão e meu coração sorri por vê-lo bem e de volta. Não esperava recebê-lo assim, tão cedo. LF olha pra todos. Seu olho varre toda a cena e, de repente, ele domina o ambiente. Não sei como, mas ele entende tudo.

– Seu João, que bom vê-lo de volta. – Ele dá dois passos em direção a Guto e Seu João.

– Oi, meu filho, que bom vê-lo também. Como tem passado? – Guto me encara de novo. Não sei como interpretar sua expressão.

– Tudo ótimo, Seu João. Vim refazer o curativo da Juliana. – Ele olha pra mim.

– Guto me contou que Juliana cortou o dedo. Cuidou direito dela? – Guto olha pra mim.

– Claro que cuidei. Ah, você é o Guto, então? Juliana me falou de você. Prazer, sou Luis Fernando, o veterinário. Acreditam que ela queria fazer o curativo com algodão e fita crepe? – Eles riem e eu finjo rir também.

– Prazer. Tudo bem com o corte dela? – Guto pergunta sério e eu ainda não consegui abrir a boca.

– Tudo certo. Deixei gaze e esparadrapo com ela. Só precisa manter limpo, ok? – Ele faz a recomendação e olha pra mim. Só balanço a cabeça.

— Alguma medicação? — Guto pergunta.

— Só dipirona para dor. Nada extraordinário, Guto. Se inflamar ou infeccionar, me avise. — Me incomoda um pouco os dois estarem falando de mim.

— Aviso, sim! Fiquei preocupado. Era muito sangue.

— Era grande e profundo, mas não pegou tendão ou nervo. Os pontos foram necessários, mas, provavelmente, não ficará nem cicatriz. — Ele fala com tanto profissionalismo.

— Fico mais tranquilo. Obrigado pelo atendimento tarde da noite. Eu queria ter ido com ela, mas ela não deixou. Teimosa.

— Não tem problema. Seguimos os protocolos de segurança e tudo correu dentro do previsto. Só o curativo com algodão e fita crepe que faltava. Álcool em gel tem de sobra.

— Gin e cerveja também. — Os dois riem.

— Esses não faltam nunca, né?

— Jamais. — Eles riem de novo.

— É o que nos resta nessa quarentena, né? — Fernando conseguiu desarmar Guto. Como isso é possível?

— Sem dúvidas. Mais álcool do que nunca — Riem mais uma vez e eu já respiro aliviada. Guto não parece incomodado.

— Só não pode usar para limpar o ferimento, ok, Juliana? — Sorrio, quase em agradecimento.

— Ok, doutor. Obrigada! Seu João, queria poder te dar um abraço. — Interfiro.

— Eu também queria, minha filha. — O sorriso dele é contagiante.

— Que susto o senhor nos deu, hein?

— Nem me fale. Foi um susto e tanto, mas estou melhor.

— O senhor ainda não voltou pra portaria, né? Precisa descansar.

— Ainda não, mas quero voltar logo. Não sei ficar parado em casa.

— Mas é hora de se cuidar, tá bom? O senhor faz falta, mas prefiro te ver bem.

– Obrigada, minha filha. Não sei como agradecer tudo o que você e Guto fizeram por minha família. – Olho pra Guto e ele está sorrindo.

– Eu não fiz nada, Seu João. Foi Guto quem cuidou de tudo.

– Seu João veio buscar uma coisa, vou pegar lá dentro. – Guto nos deixa sozinhos e entra.

Luis Fernando olha pra mim e nem sei como agradecer a maneira como ele conduziu tudo. Respiro aliviada e lhe dou um sorriso grato. Ele corresponde e volta ao Seu João.

– O senhor acredita que o porteiro novo é palmeirense? – Fernando consegue descontrair qualquer momento mesmo.

– Ah, não. Então eu tenho que voltar logo, meu filho. Não posso deixar um porco na minha portaria. – Rimos.

– Você torce para algum time, Juliana? – Esse "Juliana" é para manter a formalidade, né? Ele pensa em tudo.

– Não gosto muito de futebol, mas minha família torce pro Corinthians.

– Então você é das nossas. – Ele pisca e não sei se é pelo time ou por outra coisa.

Guto volta, entrega um envelope para Seu João, se aproxima de mim e me abraça. LF não esboça nenhuma reação.

– Obrigada, meu filho. Nem sei mais o que dizer. – A voz de Seu João embarga.

– Nem precisa. Gosto muito do senhor. – Guto gosta mesmo dele.

– Bom, gente, essa aglomeração está muito agradável, mas preciso voltar ao meu isolamento. Juliana, cuide desse curativo. Boa tarde a todos. – Fernando acena, abre a porta das escadas e some.

– Luis Fernando é um cara legal. Sabiam que ele tem uma ONG que resgata animais de rua? – Ele não me contou isso.

– Não sabia. Você sabia, Juba?

– Eu também não sabia. Que legal da parte dele. – Ele é um cara legal mesmo.
– Ele tem bom coração. Assim como vocês. – O sorriso do Seu João é contagiante.
– Ainda existe gente boa nesse mundo. A humanidade ainda tem saída. – Guto me aperta no abraço e beija minha cabeça.
– Vocês me fazem acreditar que sim. Agora tenho que ir para casa. Se cuidem, crianças. – Crianças? Seu João não existe.

Estamos na minha porta e Guto olha pra dentro. Acho que ele tem curiosidade de conhecer o lugar. Acho que é hora de apresentar pra ele. Não sei se estou pronta, mas não dá para adiar para sempre.

– Quer entrar? – Ele arregala os olhos.
– Tem café?
– Sempre tem. – Entramos. Confesso que respiro fundo.
– Acho que não me lembro muito daqui. Aquele dia estava escuro.
– Estava mesmo. – Nem quero lembrar daquela noite. – Sirvo duas canecas.
– Falou com o advogado? – Nossa, nem me lembrava mais disso.
– Falei. Eu fiquei meio perdida, mas deu tudo certo. Ele me encheu de perguntas e respondi tudo. Tenho que mandar uma documentação pra ele.
– Falou sobre o apartamento? Se podemos mexer nele?
– Falei. Ele disse que, na divisão, posso ficar com ele. Não quero fazer um grande investimento porque sei que Vicente pode arrumar problema, mas quero dar um novo ar pra este lugar.
– Posso te ajudar? Andei pensando em algumas possibilidades.
– Quero muito suas ideias artísticas.
– O que mais te incomoda?
– Na verdade, tudo, mas o sofá, o tapete e a cama são o que mais me incomoda.

– Então vamos começar por eles. Podemos doar esses e produzir novos. – Ele quer produzir uma cama?

– Produzir? Tinha pensado em comprar.

– É que você disse que não quer investir. Posso conseguir alguns paletes, um colchão, e temos uma cama novinha. Com eles podemos montar o sofá também. Só precisaremos de grandes almofadas.

– Acho que para a cama, tudo bem, mas o sofá e o tapete, quero comprar novos. Você fica chateado?

– Claro que não. A casa é sua e precisa ter a sua cara.

– É disso que eu preciso.

– Quer trocar as cores das paredes? – Elas são brancas, dar uma cor seria bom.

– Quero. Quero mudar aquela estante também.

– Posso dar uma tratada nela. Está acabadinha, né?

Ficamos mais de uma hora olhando todo o apartamento e tendo ideias para a pequena reforma que faremos. A possibilidade de mudar e colecionar novas lembranças aqui me anima.

– Em quanto tempo você acha que conseguimos mudar tudo isso?

– Em uma ou duas semanas está tudo pronto. Podemos ver se Seu João quer as doações. Começo com as paredes e o banheiro. Sofá e tapete novos e a mesa de centro que vou pintar. Logo esse lugar vai ser mais acolhedor, está bem? – Não consigo evitar e pulo em seus braços.

– Terminou o trabalho por hoje?

– Terminei. Vamos lá para casa? Podemos preparar aquele penne com molho quatro queijos e tomar uma cerveja. O que acha?

– Acho ótimo. Quero comemorar a conversa com o advogado e a reforma que está por vir.

Terminamos de comer e estou cheia. Essa receita é boa demais. Mal consigo beber.

— Filme? — Guto não sente sono nunca?

— Corro o risco de dormir no meio. Escolhe você. — Ele ri e nos aninhamos nos pufes. São confortáveis, mas quero um sofá de verdade na minha casa.

O filme não me parece muito interessante. Quando estou quase dormindo, meu celular vibra. Meu coração dispara imediatamente. Quando foi que eu criei esse medo todo do celular? Olho para a tela. É minha mãe. Vou atender de uma vez.

— É minha mãe. Você pode pausar o filme? — Odeio ter que escondê-lo assim, mas ele pausa.

— Alô.

— Estava dormindo?

— Quase. Os remédios me deixam com sono.

— Que remédios, Juliana?

— Do corte, mãe. Eu cortei o dedo, se lembra?

— Ah, verdade. Como está?

— Está tudo bem. Só estou com sono.

— Está tudo bem por aí, filha?

— Está sim, mãe. E com vocês, tudo bem?

— Tudo bem. Seu pai continua limpando a casa diariamente com álcool em gel. — Meu pai é maravilhoso.

— Deixa ele, mãe. É melhor assim.

— Eu deixo, mas outro dia quase escorreguei. Ele limpou o chão da cozinha com álcool em gel. É perigoso, concorda?

— Você falou com ele?

— Falei. Comprei máscaras de tecido que a Regiane está fazendo em casa. Pensei até em levar algumas aí para você. — Aqui?

— Não precisa, mãe. Tenho máscaras.

— Era só uma desculpa para te ver e matar a saudade, Juba.

— Ainda não é hora de quebrar a quarentena, Dona Carmem. Tem muita gente morrendo.

– Você parece seu pai falando. Vicente também acha que já podemos nos visitar. – Tava demorando.

– Vicente que visite a família dele, não a minha.

– Ainda somos a família dele, Juba. Você não precisa falar assim. Ele te magoou, mas não é um monstro.

– Mãe, eu só quero distância. Posso?

– Vai dormir, minha filha. Você disse que está com sono.

– Vou colocar o celular no silencioso, tá bom? Amanhã falamos. – Assim posso dormir sem medo de ele tocar.

Guto me abraça de novo e não fala nada. Que bom. Me ajeito e durmo na paz do abraço-casulo.

CAPÍTULO 14

*Não é o outro que diz
o que dói em você*

Monika Jordão

Abro os olhos e vejo luz entrando pela janela do quarto. Mais uma vez vim parar na cama e nem me lembro como. E olha que eu mal bebi ontem. Guto não está na cama e sei que está preparando nosso café. Pego o celular e tem 26 chamadas perdidas de Vicente. Quem liga vinte e seis vezes pra alguém? A última tentativa foi há oito minutos. Será que aconteceu alguma coisa com ele? Será que um dia eu terei paz de verdade?

Chego na cozinha e abraço Guto por trás. Ele está no interfone, mas logo desliga.

– Bom dia, está tudo bem?

– Mais ou menos. Vicente ligou 26 vezes essa manhã. Não quero falar com ele.

– Acho que você não tem saída. Ele está lá embaixo.

– Não é possível, Guto. Eu não atendi. Ele tem que entender que isso quer dizer que não quero falar. Ele não pode vir aqui impor a vontade dele assim, como se eu fosse obrigada a atender. Que inferno! Será que eu nunca vou ter paz?

– Hey, calma.

– Eu não quero mais manter a calma. Eu quero viver minha vida em paz. Eu não faço nada pra ninguém. Eu não atrapalho a vida de ninguém. Eu só quero respeito. É pedir muito? Eu não quero falar com ele agora, mas ele vem aqui e me obriga a ter uma conversa que eu não desejo ter. Eu estou tão cansada.

– Liga na portaria e manda ele embora. Quer que eu faça isso?
– Não. Eu quero um café. – Vou até a cafeteira e me sirvo uma caneca.

Vicente sempre foi teimoso, mas ele está passando dos limites. Agora tenho um advogado para me representar. Ele deveria falar com o Dr. Heitor, não vir bater na minha porta. Ainda bem que não subiu. Não ia nem me encontrar em casa. Estou respirando fundo quando escutamos os gritos dele. Estamos no 12º andar. Para ouvirmos daqui, é porque ele está fazendo o maior escândalo da história. Eu quero enforcar esse homem.

– Vai até a varanda e vê se é ele mesmo? – Eu não posso aparecer na varanda vizinha.

– Que absurdo. Ele está gritando com o porteiro novo. Pelo que estou entendendo, ele quer subir. – Ah, não.

– Eu vou descer e acabar já com esse escândalo.

– Quer que eu desça e acabe com a raça dele?

– Não. Esse é um problema que eu preciso resolver.

– Ele está completamente descontrolado, Juba. Eu vou lá e resolvo isso em dois tempos.

– Eu posso resolver isso.

– Pode, mas eu também posso. Você não precisa se desgastar.

– Preciso e vou.

– Deixa eu ir lá. Não quero você perto desse maluco.

– Esse maluco é meu ex-marido e eu preciso resolver isso sozinha.

– Eu tô aqui pra isso. Pra defender você.

– Não, Guto. Eu não preciso que você me defenda.

– Precisa, Juba. Ele está enlouquecido lá embaixo.

– E eu vou descer ainda mais enlouquecida. – Ele fecha a cara e vai até a porta.

– AUGUSTO, QUE MERDA VOCÊ ESTÁ FAZENDO? Você vai

fazer o que todo mundo fez comigo a VIDA INTEIRA? Vai desrespeitar MINHA vontade e agir em MEU nome? Está se IGUALANDO ao Vicente? É ISSO MESMO? Que PORRA! Esse é um problema MEU e eu vou resolver SOZINHA. Não preciso de MACHO nenhum pra me defender, está claro ou quer que eu desenhe?

Ele não responde. Eu troco de roupa em segundos e saio ventando. O que acontece com esses caras que acham que podem fazer o que bem entendem a respeito da minha vida? Por que minha voz não tem valor? Porque eu sou mulher? Isso acaba hoje. De uma vez por todas. Conforme o elevador vai descendo, o volume da voz de Vicente vai crescendo. Meu sangue já estava subindo, mas a atitude do Guto me deixou ainda mais revoltada. Chego no hall e encontro Vicente aos berros com o porteiro, que nada fala.

– Hey, Hey, Hey, Hey... Tá pensando QUE TÁ ONDE? ABAIXA ESSE TOM DE VOZ IMEDIATAMENTE. – Falo aos berros, o que não faz o menor sentido.

– Ele não quer me deixar subir. – Vicente está indignado.

– Não deixou porque eu NÃO autorizei. Você acha que chega aqui e sobe a hora que bem entender?

– Esse apartamento também é meu, minha querida.

– Mas você não mora mais aqui, meu querido. Quem mora SOU EU. – Levanto as sobrancelhas.

– E eu não posso subir por quê?

– Porque eu não quero. Simples como isso.

– E eu posso subir agora?

– Não. Não pode.

– O que aconteceu com a sua mão?

– Não é da sua conta. Tá fazendo o que aqui?

– Tentei te ligar, mas você não atende, né?

– Se eu não atendi é porque eu não queria falar com você,

né? Aí veio aqui impor sua presença? Bem a sua cara mesmo, né, Vicente? – Estou sem paciência nenhuma.

– Olha como você fala comigo, Juba. Eu só vim conversar.

– E está fazendo escândalo na porta do prédio. Quer conversar comigo, marca com o meu advogado. Quem está cuidando do divórcio é ele.

– Foi justamente por isso que eu vim aqui. Que história é essa de advogado?

– Advogado, Vicente. Estamos nos divorciando. Precisamos de advogados para isso.

– Mas eu já tenho um.

– Mas eu não tinha. Agora tenho também. Inclusive, acho que eles podem conversar sozinhos, né? A gente não precisa mais disso aqui. – Aponto pra cena patética que estamos vivendo.

– Vamos subir e conversar?

– O que foi? Tá carente? Quer conversar com alguém? Conversa com o advogado. Estou ocupada. – Me viro pra voltar para cima quando ele grita.

– VOCÊ NÃO VAI VIRAR AS COSTAS E ME DEIXAR FALANDO SOZINHO. VOLTA AQUI.

– Já mandei você abaixar o tom de voz! Quer chamar a atenção de todos os vizinhos?

– A gente precisa conversar.

– Não. Quem precisa conversar é você. Eu já falei tudo o que precisava.

– Juba, não faz isso. Você nunca foi assim. O que você tem?

– Eu tô de saco cheio, Vicente. Nosso casamento acabou. A-ca-bou. Você tem que aceitar.

– Eu não quero aceitar.

– ENTÃO LIDE COM ISSO SOZINHO. ISSO NÃO É PROBLEMA MEU. NÃO TENHO QUE FICAR AGUENTANDO SEUS ATAQUES, NÃO.

— Abaixa o tom de voz. — Ele fala e ri.

— Vicente, vai embora, vai! Não quero continuar com isso.

— Eu não vou embora até terminarmos essa conversa. Se você subir, volto a gritar.

— Quantos anos você tem, 12? Para de ser infantil e resolve as coisas como adulto. Liga pro seu advogado e fala com ele.

— Você quer que eu assine o divórcio? Então me deixa entrar e vamos conversar.

— Você acha que vai me ameaçar assim? Tá pensando que eu sou o quê?

— Eu só quero conversar, Princesa.

— Não tem princesa nenhuma aqui. Você não vai entrar na minha casa. Isso já está decidido. O máximo que posso fazer é deixar você entrar no prédio e conversarmos no salão de festas.

— Tá bom. Manda ele deixar eu entrar.

— Pode abrir para ele, por favor? Obrigada! — Vicente entra e eu saio andando na frente.

Entramos no salão e noto que estou tremendo. Por que tem que ser assim? Por quê? Ele se senta no sofá e eu permaneço de pé. A adrenalina está bombando no meu sangue.

— Juba, por que contratou um advogado?

— Porque você disse que mandou o seu segurar os papéis, então contratei um para agilizar isso.

— Mas você podia ter falado comigo. A gente podia resolver isso juntos. Ainda sou seu marido. Você pode me ligar quando quiser.

— Eu não quero resolver nada com você. Eu não quero falar com você. Eu não quero ligar pra você. NÃO QUERO NEM OLHAR NA SUA CARA, VICENTE. — Volto a gritar.

— O que está acontecendo? Você não é agressiva assim.

— O que está acontecendo é que você me tira do sério. Eu já falei mil vezes que esse casamento acabou e você fica insistindo em querer conversar. EU NÃO TE AMO. EU NÃO QUERO VOCÊ. EU QUERO VIVER A MINHA VIDA EM PAZ. EU NÃO FUI FELIZ COM VOCÊ. ENTENDEU? VOCÊ NÃO FOI CAPAZ DE FAZER A SUA ESPOSA FELIZ. VOCÊ FRACASSOU E NÃO TEM COMO CONSERTAR ISSO. É O FIM. ACABOU.

– VOCÊ QUER ME FERIR? QUER ME MACHUCAR? QUER ME HUMILHAR?

– TALVEZ EU QUEIRA, SIM. SÓ PRA VARIAR UM POUQUINHO. CANSEI DA SITUAÇÃO INVERTIDA, SABE? CANSEI DE TENTAR CHAMAR ATENÇÃO DE UM HOMEM QUE EU AMEI E SER HUMILHADA COM SUAS GROSSERIAS E INDIFERENÇA, ENTENDE? ESSE MONSTRO AQUI FOI VOCÊ QUEM CRIOU. ESTÁ DE PARABÉNS! – Bato palmas.

– Se eu fui tão ruim assim, FICOU CASADA COMIGO TANTO TEMPO POR QUÊ? – Ele também não está conseguindo se controlar.

– Porque eu era muito idiota. – Lágrimas já molham meu rosto. – Eu amava você e por isso eu tentei tudo. Fiz tudo. Apostei todas as minhas fichas. Pra quê, né? De que adiantou? Tantos anos desperdiçados... Você me desprezou de todas as maneiras possíveis e, quando eu percebi que estava definhando, que tinha perdido a vontade de viver, escolhi lutar por mim. Joguei a toalha. Desisti de você. – Aponto o dedo pra ele.

– QUEM TE OUVE FALAR ASSIM ACHA QUE SOU UM HOMEM HORRÍVEL.

– E VOCÊ FOI, MESMO, UM HOMEM HORRÍVEL. UM MARIDO HORRÍVEL. HORRÍVEL. HORRÍVEL. TÁ PREOCUPADO COM A OPINIÃO DOS OUTROS?

– Claro. O que vão pensar de mim? Eu tenho uma imagem, Juba.

– VOCÊ É INACREDITÁVEL, VICENTE. VEIO ATÉ A MERDA DA PORTA DA MINHA CASA PARA FALAR DO CASAMENTO E TÁ AQUI PREOCUPADO COM SUA IMAGEM? VOCÊ PERCEBE?

VOCÊ NÃO ESTÁ NEM AÍ PRA MIM, PRO NOSSO CASAMENTO OU PRA COMO EU ME SINTO. VOCÊ ESTÁ PREOCUPADO COM VOCÊ MESMO E COM A FORMA COMO AS PESSOAS VÃO TE VER.

– Não é isso, Princesa. – Eu o interrompo.

– NÃO ME CHAME DE PRINCESA.

– Entendi. Você me odeia. Bom, eu vou colocar meu advogado para falar com o seu e a gente resolve isso. Do jeito que der. Como for melhor pra você. Não quero mais atrapalhar a sua vida. Você merece ser feliz...

– Não me venha com chantagem emocional, Vicente. Se fazer de vítima não vai funcionar. Eu te conheço bem demais para cair nessa.

– E eu nem sei quem você é. Em quem você se transformou. Sinceramente, essa Juliana diante de mim não é a mesma com quem eu casei.

– Ainda bem, Vicente. Ainda bem que não sou mais aquela menina boba.

– Aquela menina boba tinha bom coração. Essa aí eu não sei nem se tem um. Aguarde a ligação do advogado. Até mais. – Eu nem respondo e ele vai embora.

Saio do salão em seguida e chamo o elevador. Meu corpo todo treme e as lágrimas inundam meu rosto. Preciso me recuperar antes de voltar pra cima. Abro a porta da escada e me sento nos degraus. Choro e sinto o peito arder. Eu nunca perdi o controle dessa maneira. Eu nunca gritei desse jeito com ninguém na vida. O que eu tô fazendo? Em quem eu me transformei? Não. Não fui eu. Foram eles. Guto diminuindo minha autonomia, Vicente impondo suas vontades... Eu não posso mais permitir que os outros controlem as coisas assim. Ou posso? Ah, eu estou tão cansada. Coloco as mãos no rosto e deixo toda a angústia sair do peito. Deixo a frustração e o medo se esvaírem pra fora de mim. Ouço alguém descendo e penso em me esconder, mas onde? Me encolho num canto e jogo a cabeça entre as pernas. A mão cobre a cabeça e fico em silêncio. Os pés chegam até mim e param. Já espero a pergunta, mas a pessoa se senta ao meu lado e fica em silêncio. Levanto pra ver quem é e vejo LF me encarar com um semblante sereno.

– Eu... – Minha voz embarga.

– Não precisa dizer nada, tá? Eu só vou ficar sentado aqui, tudo bem? – Concordo com a cabeça.

Choro copiosamente. Fernando não pergunta nada, não fala nada, não toca em mim ou esboça uma reação. Fica apenas ali, parado, ao meu lado. É estranho, mas reconfortante. É bom saber que tem alguém do lado. É bom saber que ele não vai me encher de perguntas ou julgar tudo o que eu fiz. Se bem que ele não sabe nada sobre mim e eu não sei nada sobre ele. Eu não sei nada sobre mim também. Não sei nada sobre nada. Eu nem me conheço, não tenho ideia do que tô fazendo da vida. Tô tão perdida que queria ficar escondida nessa escada pra sempre, até os problemas acabarem. Até as pessoas esquecerem que eu existo. Em que eu me transformei? Em quem me transformaram? Não sei o que aconteceu, o que está acontecendo e nem o que vai acontecer. O que eu sei, agora, nesse recorte de tempo, é que preciso dar um jeito na vida pra não acabar ferindo todo mundo, exatamente como todo mundo fez comigo.

A vida é assim, né? Um labirinto sem saída.

A vida é assim mesmo? Ou é só a minha?

AGRADECIMENTOS

Agradeço, antes de tudo, a Deus pela saúde, oportunidade e toda a luz. Agradeço a minha mãe por não ser "Dona Carmem" e pela paciência, amor e toda a dedicação. Te amo. Agradeço a meu irmão, Danilo, pela parceria de sempre. Você é muito importante na minha vida. Agradeço também a Luciana, minha cunhada. Você é a irmã que eu nunca tive. Agradeço ao Matheus, meu sobrinho amado, por cada "Te amo, Titi" que ouvi nas chatas chamadas de vídeo que a pandemia nos obrigou a realizar. Agradeço meus padrinhos, que nunca soltaram a minha mão. À Iracema, meu anjo da guarda. Você é minha segunda mãe. À minha tia Chris, maravilhosa, por não me deixar desistir. Agradeço a minha família por nunca ter dito que eu não conseguiria. Ao meu pai, pela vida e saudade. E à Magali, por me proporcionar passeio de máscara e lambidas ligeiras.

Agradeço à minha amiga Mafê Probst por cada palavra de incentivo. Você sabe quantas vezes pensei em desistir. À Vivianne Ramos por clicar num anúncio do Instagram e se tornar a amiga de quem eu nem sabia que precisava tanto. Amo vocês (emoji verdinho). Agradeço ao Filipe Flakes e à Biombo Produções por acreditarem em mim e nas maluquices que passam pela minha cabeça. Agradeço a cada amigo que não pude ver durante essa loucura. Espero muito poder abraçar vocês o quanto antes. Tô morrendo de saudade.

Agradeço a cada artista que, nessa fatia feia da história, também manteve toda a humanidade minimamente sã. Arte salva e eu fui salva pela minha e pela de todos vocês. Tenho muito orgulho de dizer que sou fã dos meus amigos. Vocês são gigantes.

Agradeço a toda a equipe da Crivo pelo carinho com que trataram meu trabalho e pela intensa paciência com cada capítulo que eu quis mudar nesse livro. Que bom que vocês acreditaram em mim quando nem eu estava mais acreditando.

Para fechar, quero agradecer aos meus leitores e ao Grupo das Jubas. Vocês tornaram a realização desse livro possível. Obrigada por cada mensagem, cada comentário, cada repost e a cobrança pelos capítulos atrasados. Vocês são os grandes responsáveis por essa realização. Vocês fazem sentido aqui.

Este livro utilizou as fontes Adelle Sans e Flegrei. Sua capa foi impressa em papel Cartão Supremo 250g e seu miolo em papel Pólen Soft 80g. Livro impresso em novembro de 2021 pela Crivo Editorial.